# INTERVJUER MED LEGENDARISKE FORFATTERE FRA DET HINSIDIGE

Cathy McGough

Stratford Living Publishing

# Hva leserne sier...

«Les denne boken, og legg på den måten til en ny dimensjon til din egen glede og til disse store forfatternes verk. Ved hjelp av grundig research og en del sjelegranskende fantasi vekker Cathy McGough dem alle til live. Etter å ha lest denne boken vil leseren alltid ha inntrykk av å være i kontakt med sin favorittforfatters ord. De vil ikke bare lese hans verk, men nyte den ekstra dimensjonen: følelsen av å bli lest for.»

**A. R. (David) Lewis, forfatter av: «The Cup and Saucer Tree» og «A Field of Red Poppies».**

«Jeg vokste opp med disse poetenes og forfatternes inderlige tekster! Mange ganger har jeg ønsket at jeg kunne ha blitt kjent med dem som menneskene selv utenfor ordene deres på papiret. Cathy McGough fikk dette til å skje!»

**Amazon-anmelder**

«Jeg elsket intervjuformatet, og de små og store delene av poetenes og forfatternes liv som jeg aldri visste om. Jeg elsket de morsomme mellomsekvensene med Madame Delatour og fortelleren. Selv om jeg hadde vært borti og lest nesten alle forfatterne/poetene i denne boken, lærte jeg noe nytt eller morsomt om hver og en av dem, og jeg fant faktisk en jeg VIL lese!»

**Amazon-anmelder**

«En sjarmerende og engasjerende samling forfatterbiografier. Cathy McGough introduserer de store ved hjelp av den synske Madame Delatour. Hvert intervju er som en seanse, og eteren åpner seg for å avsløre en annen forfatter som vender tilbake for en vennlig prat. Cathy fanger essensen av forfatterne, og får frem både deres sterke og svake sider. Hver av dem er åpenbart kjente og kjære for henne. Denne boken er et must å lese for å lære om berømte forfattere på en minneverdig måte, eller rett og slett for å feire dem.»

**Jo Janoski, forfatter av: «Te og sjokolade» og «Trofast». Fotograf, Janoski Studio Pittsburgh Photography**

«Forfatteren har gjort utrolig mye research om fremtredende dikteres og forfatteres liv og forfatterskap, og presenterer det på en intelligent måte, med fiktive intervjuer og en engasjerende samling av tekster. Den humoristiske presentasjonen av anekdoter fanget min fantasi og oppmerksomhet fra start til slutt.»

**Amazon-anmelder**

«En herlig innføringsbok for alle lesere som er interessert i å bli kjent med noen av verdens største engelskspråklige forfattere. Boken er full av omhyggelig researchede historiske fakta, og den humoristiske fremstillingen og de overraskende anekdotene fikk meg til å fortsette å bla. En annen ting jeg virkelig satte pris på, var de fysiske beskrivelsene av forfatteren. Fra Stephen Leacocks humor til inspirasjonen fra Rudyard Kipling - denne boken var en fabelaktig lesning.»

**Amazon-anmelder**

«En blanding av historie og litteratur. Cathy McGoughs unike stil fanger fantasien. Hun tar deg med til de største forfatterne verden har kjent. Det er et eventyr du sent vil glemme.»

**Walter L. Jones, eier av Jones Outlet**

«En utmerket jobb med å forvandle biografiene til ikoniske litterære navn til en interessant og utrolig samling. Det var en morsom lesning som fanget fantasien min og holdt oppmerksomheten min hele veien. Anbefales til enhver bokorm!»

**Amazon-anmelder**

«Mye hardt arbeid gikk inn i denne boken. Jeg likte spesielt Edgar Allan Poe-intervjuet. Dette ville være nyttig for elever på videregående skole for å hjelpe dem med å lære om gigantene i den litterære verden.**"**

**Amazon-anmelder**

«Jeg er poet, så jeg satte pris på at McGough har gitt poetene en så fremtredende plass i denne boken, som bruker humor for å fremheve disse «legendariske forfatterne».»

**Amazon-anmelder**

«Et must for alle som virkelig elsker litteratur!»

# Innholdet


Innledning IX

Forord XI

1. BLI KJENT MED MEDIET DITT 1

2. LORD TENNYSON OG JEG 13

3. EDGAR ALLAN POE I HEKSETIMEN 27

4. SHELLEY BEUNDRER COOKS RIVER 43

5. WILKIE COLLINS VEVER EN FORTELLING 61

6. NYTTÅRSAFTEN MED ROBBIE BURNS 75

7. TWAIN FORKLARER HVA SOM LIGGER I ET NAVN 89

8. COLERIDGE OG PASJONSFRUKT 103

9. NATHANIEL HAWTHORNE SNUR PÅ FLISA 115

10. LEACOCK VEKKER OPPSIKT 137

11. KIPLING DOWN UNDER IGJEN 157

12. DICKENS OG TELETUBBY HILLS 169

13. DOSTOJEVSKIJ PÅ HEATHROW 183

14. KEATS BESØKER FØDESTEDET MITT                 196

15. HENRY WADSWORTH LONGFELLOW              211
    MEMENTO

16. «BANJOEN» PATERSON ER TILBAKE             225

17. THOREAU PÅ WALKABOUT                      237

18. LORD BYRON GJØR ENTRÉ                     255

19. BEGYNNELSEN MED BAUDELAIRE               273

20. KONKLUSJONEN - IKKE                        282

21. ET NYTT INTERVJU MED VOLTAIRE I 2006      284

OM FORFATTEREN:                               299

OGSÅ AV:                                      301

REFERANSER                                    303

# Innledning

«Denne boken vil gjøre deg til en reisende.»
**John Bunyan. The Pilgrim's Progress**


Kjære **lesere,**

Jeg vil gjerne benytte anledningen til å takke to av mine favorittlærere på videregående skole personlig. De er Mr. Mavor og Mr. Hurley. Begge gikk på Central Secondary High School i Stratford, Ontario, Canada. De to introduserte meg for mange av forfatterne jeg har intervjuet i forbindelse med boken min.

Det ville være galt av meg å ikke også takke Stratford-festivalen. Det har vært et privilegium og en ære å ha hatt muligheten til å se LIVE THEATRE rett utenfor døren hele livet.

Jeg håper du vil like å lese intervjuene mine, like mye som jeg likte å skrive dem!

**God fornøyelse med lesningen!**

**Cathy McGough**

**Din intervjuer av legendariske forfattere fra det hinsidige**

# Forord

**AV CHRISTOPHER INGHAM**

Det er en trist kommentar til tilstanden i dagens litteraturlitteratur at man sjelden støter på kritiske eller biografiske tekster som gjenspeiler den grenseløse gleden som de av oss som var så heldige å være ungdommer på 1960-tallet opplevde da vi for første gang oppdaget forfattere av Dickens', Wilkie Collins', Dostojevskijs, Coleridges og Poes kaliber.

Med et mulig unntak av Harold Bloom, synes mye av det som skrives om det vi politisk ukorrekte liker å kalle «den store litteraturen», å være ideologisk fundert.

Man kan mistenke at moderne kritikere er så bundet av den akademiske ortodoksiens krav at de enten har mistet evnen til å glede seg over verkene til de «legendariske forfatterne», eller at de er for redde til å la seg oppsluke av de fantasifulle verdenene som disse forfatterne har skapt. På samme måte ser det ut til at biografer også føler et behov for å sette disse forfatternes liv inn i en slags ideologisk kontekst som angivelig skal prege forfatterskapet deres, i en slik grad at forestillingskraften i kunsten deres ofte blir devaluert.

Etter å ha blitt så kynisk når det gjelder samtidens kritiske og biografiske respons på «legendariske forfattere», særlig de fra 1800-tallet, ble jeg positivt overrasket da jeg snublet over Cathy McGoughs fascinerende verk «Interviews With Legendary Writers from Beyond».

Her var det endelig en forfatter som ikke er redd for å dele sin glede over livene og verkene til dem som så åpenbart har gitt henne glede gjennom hele hennes lesende liv. Jeg begynte å forstå hvert enkelt av hennes emner så godt at jeg leste boken fra perm til perm i løpet av litt over én eneste lesning.

Selv om det er mange fantastiske aspekter ved denne boken, er det tre som skiller seg ut. For det første fungerer teknikken med å bruke Madame Delatour, et medium, som et middel Intervjuer med legendariske forfattere fra det hinsidige for å gi liv til disse forfatterne svært godt, og med tanke på viktoriatidens interesse for spiritisme tilfører denne teknikken en ekstra dimensjon til verket.

For det andre bidrar Cathys fantasifulle interaksjon med forfatterne i deler av verden som er virkelige og viktige for henne, til å skape en følelse av umiddelbarhet som er avgjørende for å gi liv til disse skikkelsene fra fortiden.

For det tredje, og viktigst av alt, har Cathy, ved å oppfordre forfatterne til ikke bare å fortelle om seg selv og sitt forfatterskap, men også til å lese og presentere deler av verkene sine, funnet en måte å introdusere leserne for verk av hver enkelt forfatter som de kanskje ikke kjenner til fra før. I tillegg har hun laget en liste over favorittverkene til hver av forfatterne, noe som bør oppmuntre leserne til å utforske noen av disse verkene.

Jeg tror at denne boken vil være et svært verdifullt oppslagsverk, ikke bare for lærere og studenter, men også for lesere som tidligere har gått glipp av verkene til disse «legendariske forfatterne», og som nå kan bli oppmuntret til å dele Cathys glede og entusiasme for disse ekstraordinære forfatternes kreative geni. Jeg kommer garantert til å anbefale denne boken til mine litteraturstudenter på 11. og 12. trinn.

Jeg kan ikke avslutte dette forordet uten å oppfordre Cathy til å utvide og utvide denne boken ved å intervjue forfattere som Thomas Hardy, D. H. Lawrence, søstrene Bronte og Jane Austen. Enda mer fascinerende ville det selvsagt vært å møte Robert Browning, som var så skeptisk til spiritisme at han skrev det vidunderlige diktet Mr,

«The Medium». Et møte mellom Browning, Cathy og Madame Delatour ville vært fascinerende.

**Christopher Ingham, M. Ed., B. Ed., TSTC, leder for engelskfaget ved Hamilton and Alexandra College, Victoria, Australia, og poet på fritiden.**

# BLI KJENT MED MEDIET DITT

Når vi nå begir oss ut på dette eventyret sammen, er det på sin plass å ta med et intervju med den personen som har bidratt til å gjøre denne boken mulig: min venninne Madame Delatour.

Du lurer kanskje på hvorfor du ikke har sett madame Delatour før, og kanskje lurer du på hvorfor vi ikke har benyttet anledningen vi har fått gjennom denne boken til å ta med et bilde av henne.

Det er dessverre ikke mulig. Madame Delatours «gave» gjør henne nemlig ufotogen. Faktisk kan hun miste noen eller alle kreftene sine hvis noen tar bilder av henne. Hold derfor kameraene unna i hennes nærvær, mine damer og herrer.

Og apropos herrer, mange som har lest deler av denne boken i form av en spalte (for ikke å snakke om minst én av våre legendariske skribenter fra det hinsidige) har spurt - om madame Delatour er gift eller har et forhold. Jeg kan forsikre dere om at hun er singel.

Madame Delatour ble født 31. desember 1950 i Paris, Frankrike. Hun har aldri vært gift og søker en partner som ikke vil være sjalu på hennes spesielle evner. Hun har en forkjærlighet for menn med skotsk aksent (som du selv vil få se når vi møter Robbie Burns.) Hvis du ønsker å korrespondere med madame Delatour, kan du gjøre det via vårt forlag. Legg ved et bilde av deg selv, samt en bekreftet kopi av formuen din. Madame Delatour vil bare svare de herrene som har «The Right Stuff».

Først må jeg bemerke at madame Delatour og jeg ble uenige om stedet for intervjuet. Jeg foreslo min ydmyke bolig, siden den var god nok for Shelley, Coleridge, Longfellow og andre, men hun syntes ideen min var absurd. Hun ville skjemmes bort, og derfor bestemte jeg meg for å spandere!

I dette øyeblikk befinner vi oss i Sydney, Australia, og slapper av på den fornemme og elegante (for ikke å si dyre) restauranten «Centrepoint», som har fått sitt passende navn etter beliggenheten.

Madame Delatour er kledd i de fineste klær for anledningen. Hun har på seg en flott aftenkjole i gulllamé med hundrevis, kanskje tusenvis av paljetter i form av speilkuler, og et par svarte lakksko med fem centimeter høye hæler. Hun har store øreringer i gull og flere armbånd på hvert håndledd. Madame

Delatour ruver over meg, siden jeg bare er 1,80 meter høy, mot hennes barbeinte 1,80 meter.

Idet vi går mot bordet vårt, er det ikke overraskende at alle snur seg rundt for å se på oss. Madame Delatours øredobber og armbånd lager sin sedvanlige musikk i takt med skrittene våre mens vi blir eskortert til bordet vårt. Vi setter oss relativt raskt ned og sukker unisont mens vi ser ned på Sydney i all sin nattlige prakt.

Lysene tindrer så langt øyet kan se, og rundt oss slutter stjernene seg til og ser ut til å konkurrere med jordens lys om hvem som er klarest. Madame Delatour (eller Blanchetta, som vi skal kalle henne heretter) bestiller ikke bare én, men to Mai Tai, begge til eget forbruk. Jeg bestiller en Black Russian, og så begynner intervjuet vårt.

**Q:** Blanchetta, hvordan oppdaget du først din unike «gave»?

**A:** Jeg oppdaget det første gang da jeg var fire år gammel. Bestefaren min kjøpte en trehjulssykkel til meg, og han pleide å dytte meg mens jeg syklet på den, og sammen lo og lekte vi. Det var en veldig spesiell tid, og jeg elsket ham høyt. Hver gang jeg ringte i den gylne bjellen han hadde festet på styret, ropte han: «Se opp, Etta kommer!» Etta var hans spesielle navn på meg.

Kort tid etter at jeg hadde feiret fireårsdagen min, døde bestefaren min. Etter det nektet jeg å gå i nærheten av trehjulssykkelen min. Foreldrene mine gjorde alt de kunne for å oppmuntre meg til å sykle, siden de visste at jeg hadde elsket det så høyt, men jeg kunne ikke. Jeg ville ikke. (Allerede som liten var jeg veldig viljesterk og sta når det passet meg). I dette tilfellet, uten bestefar, mistet den trehjulede sykkelen all sin hensikt.

En ettermiddag var jeg ute i hagen, og det begynte å spytte. Jeg ville ikke gå inn. Den trehjulede sykkelen min sto ute i hagen, og den så ensom ut uten meg. Jeg ville ikke at den skulle bli våt. Jeg var redd regnet kunne skade bjellen. Jeg var sikker på at bestefar ikke ville like at jeg var uaktsom.

Så jeg begynte å dytte på den, og snart begynte tårene å strømme nedover ansiktet mitt. Jeg savnet bestefaren min og lengtet etter å høre ham rope navnet mitt. Ingen kalte meg «Etta» lenger. Det var som om en del av meg hadde dødd med ham.

Bestefar tok seg alltid tid til meg, og uten ham følte jeg meg ensom. Jeg så opp mot himmelen og ringte trassig i bjellen. Jeg ringte og ringte mens tårene rant nedover ansiktet mitt. Regndråpene stemte i, nesten som om de visste hvor ensomt og elendig livet mitt var uten ham.

Plutselig lå hendene hans på skuldrene mine, og han sa: «Se opp, Etta kommer!» Og jeg ringte i bjellen, og han dyttet meg, og vi lo og lekte, og regnet høljet ned hardere og hardere.

*Blanchetta tok et lommetørkle opp av vesken og tørket tårene forsiktig bort fra øynene. Hun blåste seg i nesen som i en tuba, så høyt at alle snudde hodet mot oss og stirret. Jeg gikk rundt i rommet og kjempet mot tårene mens jeg klappet Blanchettas hånd. Hun var utrøstelig, og derfor bestilte jeg en Mai Tai til. Blanchetta kastet den tilbake og fortsatte med historien sin.*

Da visste jeg at jeg hadde en spesiell gave. Men jeg var redd for hva som ville skje hvis jeg fortalte det til noen, så jeg holdt det hemmelig.

**Q:** Brukte du noen gang «gaven» din til å hjelpe til med lekser og eksamener?

**A:** Ja, det må jeg innrømme at jeg gjorde. Min første erfaring med å lese et av William Shakespeares skuespill var i L'Ecole. Læreren vår hadde valgt «Som du vil», og jeg kunne ikke skjønne det for mitt liv. Hvorfor pensumet vårt inkluderte et så vanskelig stykke, får jeg aldri vite.

Så jeg kontaktet selveste «Barden» for å få min egen personlige veileder. Jeg fortalte ham om problemene jeg hadde med å forstå «Som du vil» - og Mr. Shakespeare ble Jacques, som resiterte monologen sin med lidenskap. Jeg kan fortsatt se ham for meg i dag:

**SOM DU LIKER DET**

Andre akt, scene VII

Hele verden er en scene,

Og alle menn og kvinner bare spillere;

De har sine utganger og sine innganger,

Og en mann i sin tid spiller mange roller,

Hans akter er syv aldre. Først spedbarnet,

som klynker og spyr i sykepleierskens armer.
Så den sutrende skolegutt, med sin ransel
Og skinnende morgenansikt, kryper som en snegl
Uvillig til skolen. Og så elskeren,
Sukkende som en ovn, med en sørgmodig ballade
Til sin elskerinnes øyenbryn. Så en soldat,
full av merkelige eder og skjeggete som en far
Sjalu på ære, plutselig og rask i krangel,
Søker boblens rykte
Selv i kanonens munn. Og så rettferdighet,
Med rund mage og god kapun,
Med alvorlige øyne og skjegg av formelt snitt,
Full av kloke ord og moderne eksempler;
Og så spiller han sin rolle. Den sjette alder skifter
I den magre og glatte pantalon
Med briller på nesen og pose på siden;
Hans ungdommelige slange, godt reddet, en verden
for bred
For hans krympede skaft, og hans store mannlige
stemme,
Dreier seg igjen mot barnslig diskant, piper
Og fløyter i sin lyd. Siste scene av alle,
Som avslutter denne merkelige, begivenhetsrike
historien,
Er annen barnlighet og ren glemsel,
Uten tenner, uten øyne, uten smak, uten alt. (1)
*Madame Delatours monolog utløste stående ovasjoner
fra publikum. Da hun steg ned fra bordet, bukket hun
for publikum. Kelneren kom med en flaske Dom Perignon*

*og fikk korken til å sprette mens applausen fortsatte. Sammen hevet madame Delatour og jeg glassene som takk for gaven fra en medspiser, og intervjuet fortsatte.*

Etter at Shakespeare var ferdig med sin resitasjon - I GOT IT! I tillegg til å være en suksessrik dramatiker og poet hadde Shakespeare også skjulte talenter som skuespiller. Han ba meg om å se verkene hans live - når det var mulig - for å kunne sette full pris på dem.

Jeg forklarte ham hvordan verkene hans fortsatt ble fremført live over hele verden. Han virket godt fornøyd med hans lange levetid, og så nevnte jeg debattene som opp gjennom årene har vært om hvem som er opphavsmann til verkene hans. Han virket ikke overrasket over noen av de falske påstandene, men ble virkelig forbløffet da jeg avslørte antakelsen om at det var hans kjære kone Anne Hathaway som hadde skrevet dem.

I tillegg til Shakespeare møtte jeg og snakket med Albert Einstein, Alexander Graham Bell, Mahatma Gandhi, Winston Churchill og utallige andre. Etter hvert som tiden gikk, forsto jeg, gjennom planlegging og konsentrasjon, at jeg kunne beholde gjestene mine litt lenger for hver kontakt jeg tok. I dag kan jeg maksimalt holde på en gjest i tretti minutter.

**Q:** Forelsket du deg noen gang i noen av dem du kontaktet?

**A:** En morgen i 1972 våknet jeg av at Jim Morrison, den nydelige mannen som var forsanger i The Doors, lå i sengen ved siden av meg! Ja, det er sant!

Han lå der, naken fra livet og opp (og jeg var ikke sikker på hvilken tilstand han var i under dynen!) Han stirret i taket, med begge armene sine rundt hodet og sang «Riders in the storm, riders in the storm, into this world we're born, into this world we're thrown, like a dog without a bone, an actor without a home, riders on the storm.» (2)

Først var jeg for sjokkert til å si noe. Jeg trakk beskjedent dynen opp rundt halsen og rødmet voldsomt.

Jim veltet seg over på siden, støttet seg på albuen og sluttet å synge midt i en setning. Han så meg dypt inn i øynene. Hjertet mitt flagret som en fugl i bur. «Jeg tror du har et spørsmål eller to til meg», sa han.

Jeg brydde hjernen for å komme på noe å si, men jeg var blank. Jeg slengte ut noe som ikke ga noen mening i det hele tatt, og han kastet straks fra seg dynen og reiste seg opp (han hadde gudskjelov svarte bukser på!).

Han begynte å hoppe opp og ned på sengen min og sang «Hello, I love you won't you tell me your name, Hello I love you let me jump on your game.» (3)

Jeg trodde taket skulle rase inn (for ikke å snakke om sengen min!) Jeg hørte moren og faren min rope nedenunder «Arret Arret! Blanchetta Arret!»

Jim bare fortsatte å synge og hoppe, som et barn på en trampoline. Jeg lo hysterisk og gråt på samme tid. Jeg satt som forstenet som et rådyr i frontlyset da jeg hørte mor og far komme opp trappen. Da de kom til døren min, begynte bankingen. (Heldigvis låste jeg alltid soveromsdøren min om natten).

Jim vinket, hoppet så høyt han kunne hoppe og forsvant opp i taket. Jeg har aldri glemt møtet vårt, og jeg har elsket ham siden den gang. Jeg ser ofte repriser av hans opptreden på «The Ed Sullivan Show», og da får jeg hjerteklapp igjen. Det er det verste med «gaven» min.

**Q:** Mener du at når du først har brakt noen tilbake til jorden, kan du aldri komme i kontakt med ham eller henne igjen?

**A:** Noen ganger, når jeg går fra tidsperiode til tidsperiode, prøver folk på den andre siden å fange oppmerksomheten min. Forestill deg at du virvler gjennom tidsaldrene, og forskjellige døde mennesker, noen ganger onde, noen ganger gode og nesten alltid svært berømte, griper etter deg og prøver å få tak i deg. De prøver å tvinge deg til å ta dem med deg, slik at de kan få muligheten til å komme inn i dette livet igjen - selv om det bare er for noen få minutter.

**Q:** Noen ganger ondskap? Vær så snill å forklare!

**A:** Jeg grøsser når jeg tenker på den gangen Jack the Ripper grep tak i meg og forsøkte å komme seg gjennom tidsportalen og inn i nåtiden. Jeg hadde avtalt et intervju med lord Tennyson, da Jack så frekt avbrøt og forsøkte å sabotere prosessen. Jeg måtte bryte kontakten med herr Tennyson og kjempe for å hindre Jack i å ta kontrollen. Han var sterkere enn jeg noen gang kunne ha forestilt meg. Det krevde alt jeg eide for å riste ham av meg.

*Tankene mine vandret tilbake til den dagen da madame Delatour besvimte. Bare luktesalt fikk henne tilbake til oss. Da hun kom til seg selv, skalv hun fra topp til tå. To store Chivas Regals - rene hjalp til med å roe nervene hennes. Etter litt selvmedisinering insisterte hun på å prøve å kontakte lord Tennyson igjen.*

*Jeg protesterte og sa at vi burde vente til hun hadde fått god tid til å komme seg, men Blanchetta utbrøt: «Jack the Ripper skapte nok panikk i sin tid til å vare livet ut, og han kommer ikke til å terrorisere fremtiden.» Intervjuet med lord Tennyson forløp uten problemer.*

**Q:** Én dikter ser ut til å snakke til deg ganske ofte: Lord Byron. Har du hatt kontakt med ham i det siste?

**A:** Å ja, ja, ja. Hvis jeg ikke har noen å kontakte, så kontakter han meg. Han venter spent på intervjuet ditt. Han har mye å si og forstår at vi må prioritere intervjuer etter forespørsel. Han er veldig flørtende og vil vise seg å være et interessant intervjuobjekt.

**Q:** Vil du fortelle alle hvordan vi møtte Blanchetta?

**A:** Du var i Frankrike, ved Eiffeltårnet. Året var 1996. Du var på en reise for å gjenoppdage din muse. Jeg prøvde å flykte fra min «gave». Vi møttes ved Eiffeltårnet og snakket sammen en god stund. Jeg prøvde å hjelpe deg ved å sitere et dikt av Charles Baudelaire:

Ingenting eksisterer uten et formål.

Derfor har min eksistens et formål. Hvilket formål?

Det vet jeg ikke.

Det er derfor ikke jeg som har gitt den.

Det er derfor noen som er mer lærd enn meg.

Derfor må jeg be om at denne personen skal opplyse meg.

Det er den klokeste beslutningen. (4)

Mens jeg snakket, dukket Charles Baudelaire opp. Etter det ble du og jeg venner. Vi skrev til hverandre og snakket alltid om poesi og forfattere og litteratur.

Til slutt bestemte vi oss for å invitere verden til å ta del i våre intervjuer med legendariske forfattere fra det hinsidige. Det var slik ideen til denne boken ble unnfanget.

I det øyeblikket kom maten vår, og intervjuet fikk en brå slutt. Jeg håper likevel at du likte å møte madame Delatour.

**Bon appétit!**

**Cathy McGough**

**Din intervjuer av legendariske forfattere fra det hinsidige**

# LORD TENNYSON OG JEG

Dette kapittelet er tilegnet min kjære bestemor Mabel Cahill, som introduserte meg for Tennysons poesi.

GOD MORGEN, ALLE SAMMEN! I dag får vi æren av å få besøk av vår helt spesielle gjest Alfred, Lord Tennyson, som snart kommer til oss!

Lord Tennyson ble født i 1809 og levde frem til 1892. I en alder av bare 33 år var han like berømt som en rockestjerne eller en filmskuespiller er i dag. Han fikk brev fra kvinner over hele verden, unge som gamle - kvinner som var betatt av hans mesterlige bruk av det engelske språket (for ikke å snakke om hans kjekke utseende).

Men det var ikke bare kvinnene som elsket Lord Tennysons verker. Forestill deg unge soldater som resiterte dette diktet mens de ble ført ut i kamp:

**DEN LETTE BRIGADENS ANGREP**

En halv mil, en halv mil,
En halv mil videre,
Alle i dødens dal
Red de seks hundre.
«Fremad, den lette brigade!
Lad for kanonene!» sa han:
Inn i Dødens dal
Red de seks hundre.
«Fremad, den lette brigade!
Var det noen som ble forskrekket?
Ikke selv om soldaten visste
Noen hadde gjort en tabbe:
De skulle ikke svare,
Deres ikke å begrunne hvorfor,
De skulle bare gjøre og dø:
Inn i dødens dal
Red de seks hundre.
Kanon til høyre for dem,
Kanon til venstre for dem,
Kanoner foran dem
Salver og torden
Stormet med skudd og granater
Dristig red de og vel,

Inn i Dødens gap,
Inn i helvetes munn
Red de seks hundre.
Blinket alle deres sabler bare,
Blinket som de svingte i luften,
Sablet ned skytterne der,
De angrep en hær, mens
Hele verden undret seg:
Dyppet i batterirøyken
tvers gjennom linjen de brøt;
Kosakker og russere
Spolte tilbake fra sabelhugget
Knust og splittet.
Så red de tilbake, men ikke,
Ikke de seks hundre.
Kanoner til høyre for dem,
Kanoner til venstre for dem,
Kanoner bak dem
Salver og torden;
Storm'd på med skudd og granat,
mens hest og helt falt,
De som hadde kjempet så godt
Kom gjennom Dødens kjever
Tilbake fra helvetes munn,
Alt som var igjen av dem,
Av seks hundre.
Når kan deres ære falme?
O det ville angrepet de gjorde!
Hele verden undret seg.

Hedre angrepet de gjorde!

Ære være den lette brigade!

Noble seks hundre! (1)

Hvis du fortsatt er i tvil om hvor mektig lord Tennysons forfatterskap er, så kom nærmere, så skal jeg fortelle deg en historie om ham som du aldri vil glemme!

Forestill deg dette: En militærkaptein i den britiske hæren stapper et eksemplar av lord Tennysons dikt i brystlommen på uniformen, og så løper han ut på slagmarken hvor han blir skutt. Han faller ned på bakken, holder seg for brystet og venter på smerten. Men ingenting skjer. Han stikker hånden i lommen, tar frem boken og oppdager en kule i omslaget.

Er det da feil å si at lord Tennysons ord reddet en manns liv? Jeg tror ikke det!

Lord Tennyson bodde i Epping Forest i England, og han foretrakk å gå en ensom tur tidlig om morgenen. Jeg håper han ikke har noe imot at jeg slår følge med ham i dag når vi rusler rundt den fantastiske Cooks River.

Siden lord Tennyson ikke kommer til å være kledd for å bli sett offentlig når han ankommer, har jeg tatt meg den frihet å kjøpe en joggedress til ham fra St. Jeg har også fått tak i et par Adidas- og Nike-løpesko samt et par Jesus-sandaler «for sikkerhets skyld» fra Frelsesarmeens lokale butikk.

Presis klokken 07.00 reiste madame Delatour seg og viftet med armene mens kappene hennes fløt og øredobbene klirret som vindspill. Da hun hadde kommet seg etter den tidligere omtalte hi-jacking-hendelsen (Jack the Ripper), tok det ikke lang tid før hun var i stand til å kontakte lord Tennyson. Jeg ventet spent på at han skulle materialisere seg - fortsatt fascinert av prosessen - og

Da lord Tennyson - som kanskje er den største lyrikeren som noen gang har levd - sto foran meg.

Han var høy, og jeg skjønte hvorfor han var blitt sammenlignet med både Herkules og Apollon. (2) Øynene hans var varme, i skyggen av valnøtter. Han hadde en lang, utstående nese og krøllete, tykt hår - som Delila ville ha elsket å få tak i. Han var kledd i en lang, svart vest, svarte bukser, høye støvler og en grå kravatt. Han hadde en rolig eleganse over seg som ga meg lyst til å neie. Da jeg rakte ham hånden min, kysset han den forsiktig, og gjorde det samme med madame Delatours hånd. Lord Tennyson var litt av en sjarmør.

Jeg forklarte ham min idé - å gå en morgentur sammen med ham - og spurte om han ville ha noe imot å skifte til et passende kostyme for år 2002. Han sa ja med entusiasme.

Da han kom tilbake til oss, var forvandlingen ganske forbløffende. Lord Tennyson så ganske stilig ut i sine nye klær. Han kommenterte stoffets mykhet og sa at han følte seg komfortabel i sine nye klær. Joggedressen og Jesus-sandalene passet ham som hånd i hanske.

Jeg trykket på den fjernstyrte garasjeportåpneren da vi gikk ned trappen og inn i den mørke garasjen vår. Lord Tennyson utbrøt høylytt «Himmelen er i bevegelse!» da han så porten heve seg som et forheng og invitere oss til å utforske Sydney. Da vi kom til midten av garasjen, brukte Lord Tennyson flere minutter på å undersøke Honda Legend, og stilte spørsmål om hva den skulle brukes til. Jeg lovte at hvis vi hadde tid, kunne vi kjøre en tur.

Før vi kjørte ut av garasjen, kom lord Tennyson med en forespørsel. Han ville åpne og lukke garasjeporten igjen. Jeg lot ham gjøre det, men bare én gang - han var tross alt aristokrat - og så var vi på vei.

**Q:** Mange store forfattere var dine venner, som f.eks: Carlyle, Swinburne, Eliot og Emerson. Nevn en forfatter du ikke har møtt, men som du skulle ønske du hadde møtt?

**A:** Jeg møtte aldri Lord Byron. Jeg var femten år da nyheten om hans død kom som en forferdelig katastrofe og formørket den gledelige morgenen i mitt liv. På en stein i nærheten av familiens hjem i den lille landsbyen Somersby husker jeg at jeg risset inn en gravskrift der det sto «BYRON ER DØD.» (3)

**Q:** Jeg har hørt noen bemerkelsesverdige historier om ditt arbeid, spesielt «In Memoriam», som du skrev til minne om din beste venn og dikterkollega Arthur Hallams død. Du må ha blitt glad da dronning Victoria leste det.

**Svar:** Ja, dronning Victoria fikk et eksemplar av boken min da hun var midt i sorgen over tapet av hertugen av Wellington. Jeg er blitt fortalt at tårene hennes falt på mange av linjene i verket mitt mens hun leste, og at ordene mine trøstet henne. Den lille damen av Windsor gjorde meg en stor ære ved å utnevne meg til Poet Laureate. Jeg smilte og bemerket: «Hvorfor skulle jeg være egoistisk og ikke tillate at litteraturen ble hedret i mitt navn?» (4)

På dette tidspunktet nærmet vi oss barneparken, og mange løp opp og ned de glatte stupene, gynget og klatret i jungelgymene. Foreldrene så på, holdt oppsyn og pratet. Lord Tennyson spurte om vi kunne stoppe for å se på, og vi satte oss på en parkbenk.

**Q:** Hva er ditt beste barndomsminne?

**A:** Jeg var kanskje fem år gammel, da den engelske marsvinden feide over hagen. Jeg husker at jeg styrtet hodestups mot elementene, viftet med hendene og ropte: «Jeg hører en stemme som taler i stormen!» Det var en følelse av makt, at noen eller noe forsøkte å kommunisere med meg. Jeg har aldri følt en slik oppstemthet. (5)

**Q:** Jeg vet at åndelighet har spilt en veldig stor rolle i livet ditt. Kan du fortelle meg hva Jesus Kristus betyr for deg?

**Svar:** Jesus Kristus er for meg det solen er for blomsten. Jeg er forbløffet over Kristi renhet og hellighet, og over hans uendelige skjønnhet. (6)

**Q:** Kan jeg overtale deg til å resitere et dikt for meg?

**A:** Overbevise? Min kjære dame, prøv å stoppe meg!

**THE BROOK**

Jeg kommer fra sothøne og brokk,
Jeg gjør en plutselig sally,
Og glitrer ut blant bregner,
For å krangle ned en dal,
Ved tretti åser skynder jeg meg ned,
Eller gli mellom åskammene,
Ved tjue torp, en liten by,
Og et halvt hundre broer.
Til sist ved Phillips gård jeg flyter
For å slutte meg til den brusende elven,
For menn kan komme og menn kan gå,
Men jeg fortsetter for alltid.
Jeg skravler over steinete veier,
I små skarpe og diskante toner,
Jeg bobler inn i virvlende bukter,
Jeg pludrer på rullesteinene.
Med mange en kurve mine banker jeg fret
Ved mang en åker og brakk,
Og mangt et eventyrlig forland
Med vier og mjødurt og mjødurt.
Jeg charterer, skravler, mens jeg flyter
For å bli med den brusende elven,
For menn kan komme og menn kan gå,
Men jeg fortsetter for alltid.
Jeg slynger meg rundt, og inn og ut,
Her seiler en blomst,
Og her og der en lystig ørret,

Og her og der en harr.
Og her og der et skummende flak
På meg, mens jeg reiser,
Med mange sølvfargede vannbrudd
Over den gylne grusen,
Og dra dem alle sammen, og flyte
For å slutte seg til den overfylte elven,
For menn kan komme og menn kan gå,
Men jeg fortsetter for alltid.
Jeg sniker meg forbi plener og gressplener,
Jeg glir forbi hasselkratt;
Jeg beveger de søte forglemmegei
Som vokser for lykkelige elskende.
Jeg glir, jeg glir, jeg dyster, jeg ser,
Blant mine skimtende svaler;
Jeg får den nettete solstrålen til å danse
Mot mine sandgrunner.
Jeg mumler under måne og stjerner
I brambly wildernesses;
Jeg dveler ved mine strandstenger,
Jeg dveler rundt mine karser;
Og ut igjen bøyer jeg meg og flyter
For å slutte meg til den brusende elven,
For menn kan komme og menn kan gå,
Men jeg fortsetter for alltid. (7)

Etter den første strofen begynte det å samle seg en folkemengde rundt oss. Barna sluttet å leke. Foreldrene sluttet å løpe rundt. Måkene og galahene ble stille. Vinden var andpusten, og det samme var trærne. Da lord Tennyson avsluttet sin opplesning, var det ingen som beveget seg. Det var stillhet. Total og fullstendig stillhet.

Jeg lengtet etter å rope «Encore! Encore!», men visste at klokken tikket. Vi tok farvel med dem alle, og fortsatte deretter vår ferd over broen. Vi stoppet opp for å tenke over våre refleksjoner, og jeg spurte:

**Q:** Hvorfor tror du «In Memoriam» betydde så mange forskjellige ting for så mange forskjellige mennesker?

**A:** Diktet var mer et rop fra hele menneskeheten enn fra meg. Hvis Gud tillater dette sterke instinktet og den universelle lengselen etter et annet liv, er det vel på sett og vis en formodning om at det er sant. Vi kan ikke gi opp det mektige håpet som gjør oss til mennesker. Og for de av oss som har elsket og mistet, la oss trøste oss med tanken på at ingenting går med formålsløse føtter ... ikke et eneste liv skal bli ødelagt eller kastet som søppel i tomrommet, når Gud har gjort haugen komplett. Vi som er blitt overlatt til våre sorger, og hvis forståelse er som et spedbarns famling i natten, må aldri skamme oss over å si til oss selv: Vi trenger ikke å forstå; vi elsker. (8)

**Q:** Du og din kone Emily har vært gift i førti år. Kan du fortelle meg hvordan dere møttes?

**A:** Det var fjorten år før utgivelsen av «In Memoriam» - da jeg fortsatt var i dikterlære - da jeg var i bryllupet til min bror Charles. Etter seremonien møtte jeg en av brudepikene. Hun var yndig og elskverdig, og jeg hvisket beskjedent til henne: «Å, lykkelige brudepike, gjør meg til en lykkelig brud.» Da vi feiret 40-årsjubileum, ga jeg bruden min en gave med rosmarin og roser. Vi var like lykkelige den dagen som den dagen vi giftet oss (9).

**Q:** Lord Tennyson, tiden vår er snart ute, og jeg vil gjerne stille deg ett spørsmål til. Hvilket råd vil du gi til poeter i fremtiden?

**A:** Dikterens ord må ha en tredelt funksjon. De må gi farge til det indre øyet, musikk til det indre øret og håp til det innerste hjertet. (10)

Jeg takket ham for inspirasjonen og for at han hadde vært min vandringsvenn. Jeg ga ham to valg når det gjaldt hvordan han ville forlate år 2002. Ville han skifte tilbake til sine egne klær, eller ville han ta en tur i bilen min?

Han nølte ikke, og vi hoppet inn i bilen og kjørte snart av gårde med U2 i høyttalerne. Mens vi kjørte rundt i nabolaget vårt, vinket lord Tennyson til alle vi passerte, og lo lurt når de svarte.

Jeg kunne ikke sverge på at det var sant, men jeg syntes i hvert fall at jeg hørte ham synge sammen med Bono da han nådde refrenget til «It's a Beautiful Day, Don't Let It Get Away». (11) Vi utvekslet blikk da han begynte å falme. Han ga meg et forsiktig blunk og forsvant.

Snart sang jeg til U2 på egen hånd, på vei hjem. Idet garasjeporten åpnet seg, resiterte jeg diktet som ble skrevet mot slutten av Tennysons liv, og som etter hans ønske alltid ble inkludert i slutten av hver utgivelse: (12)

**KRYSSER BAREN**

Solnedgang og kveldsstjerne,
Og en klar oppfordring til meg!
Og må det ikke være noen stønn av baren,
Når jeg legger ut på havet,
Men et slikt tidevann som beveger seg virker sovende,
For full for lyd og skum,
Når det som trakk fra det grenseløse dypet
vender hjem igjen.
Skumring og kveldsklokke,
Og etter det mørket!
Og må det ikke være noen tristhet av farvel,
Når jeg går ombord;
For selv om fra vår havn av tid og sted
Kan flommen bære meg langt,
håper jeg å se min los ansikt til ansikt
Når jeg har krysset stangen. (13)

Du kan ikke gå galt i byen når du leser Lord Tennysons verk, men disse utvalgene får de varmeste anbefalinger fra meg:

Idyller om kongen
Enok Arden
Lotusspiserne
Prinsessen
Damen av sjalottløk
Morte d'Arthur

Odyssevs

Becket

Hesperidene

Dagdrømmen

Kunstpalasset

Dronning Mary

Harold

Møllerdatteren

Ingenting vil dø

Den gamle vismannen

De to stemmene

Vårens fremgang

Merlin og glimtet

Maidronningen

Maud og andre dikt

Lucretius

Ode om hertugen av Wellingtons død

De to stemmene

Løftet om mai

Begeret.

**Ta-ta til neste gang!**

**Cathy McGough**

**Din intervjuer av legendariske forfattere fra det hinsidige**

# EDGAR ALLAN POE I HEKSETIMEN

Velkommen, alle sammen. Hvis dere bare kunne se hvordan balkongen min ser ut nå. Den er badet i levende lys! Førti lys for å være nøyaktig - for å feire hvert år av vår gjests liv.

Ja! Edgar Allan Poe kommer til oss i kveld - i heksenes time, og den nærmer seg med stormskritt.

Poe ble født 19. januar 1809. Mens vi venter på hans ankomst, skal jeg lese høyt diktet han tilegnet sin brud Virginia Clemm:

ANNABEL LEE

Det var for mange, mange år siden,
I et kongerike ved havet
Der levde en jomfru som du kanskje kjenner
Ved navn Annabel Lee;
Og denne piken levde uten andre tanker
enn å elske og bli elsket av meg.

Jeg var et barn, og hun var et barn,
I dette kongeriket ved havet,
Men vi elsket med en kjærlighet som var mer enn kjærlighet,
Jeg og min Annabel Lee
Med en kjærlighet som himmelens bevingede serafer
Begjærte henne og meg.
Og dette var grunnen til at for lenge siden,
I dette kongeriket ved havet
En vind blåste ut av en sky, og kjølte
Min vakre Annabel Lee
Slik at hennes høybårne slektninger kom
Og bar henne bort fra meg,
For å stenge henne inne i en grav
I dette kongeriket ved havet.
Englene, ikke halvparten så lykkelige i himmelen,
Gikk og misunte henne og meg
Ja, ja! Det var grunnen (som alle mennesker vet,
I dette kongeriket ved havet)
At vinden kom ut av skyen om natten,
og frøs og drepte min Annabel Lee.
Men vår kjærlighet var langt sterkere enn kjærligheten
Av dem som var eldre enn oss,
Av mange som var mye klokere enn oss;
Og verken englene i himmelen over oss,
Eller demonene nede under havet,
Kan noensinne skille min sjel fra sjelen

Av den vakre Annabel Lee!
For månen aldri stråler, uten å bringe meg drømmer
Om den vakre Annabel Lee;
Og så, hele natten, jeg ligger ned ved siden
Ved min elskede - min elskede - mitt liv og min brud,
I hennes grav der ved havet,
I hennes grav ved det klingende hav. (1)

Sentimental tosk som jeg er - Poes ord fikk hjertet mitt til å klatre opp i halsen. Jeg tok frem lommetørkleet og forsøkte å fokusere på spørsmålene jeg hadde forberedt for å stille ham. Så så jeg opp og la merke til at det ikke var herr Poe som hadde kommet for å hilse på oss - det var hans kjære kone Virginia Clemm!

Madame Delatour holdt henne i hånden og førte henne mot meg, mens Virginia hvisket hemmeligheter jeg ikke kunne høre, inn i øret hennes.

Virginia nikket, smilte, neiet og satte seg i stolen overfor meg. Madame Delatour spurte om hun kunne få snakke med meg i enerom et øyeblikk, og vi unnskyldte oss begge fra Virginias nærvær. Jeg pekte på bordet som var fylt med kaker og bakverk, og inviterte henne til å forsyne seg. Hun grep begeistret etter en tallerken mens jeg lukket balkongdørene bak meg.

«Cathy, Virginia ønsker å kontakte Edgar. Hun har ikke sett ham siden den dagen hun døde.»

Den fatale vinterdagen, da bivirkningene fra det sprengte blodkaret i halsen ble uutholdelige, ble

Virginia lagt på en seng med bare halm og laken. Virginia og Edgar levde tydeligvis i ekstrem fattigdom.

Stakkars liten, alt hun hadde var en liten kattunge Edgar hadde gitt henne for å holde varmen, og Edgars frakk. Han holdt de iskalde hendene hennes i sine, og moren gned føttene hennes for å holde frostskadene unna.

«Cathy, vi kan ikke la Virginia fortsette å vandre i himmelen helt alene. Men avgjørelsen vår vil få konsekvenser i form av at Edgar vil være sammen med oss i kortere tid.»

Jeg så på Virginia. Hun var bare 23 år gammel da hun døde. Hennes pittoreske skjønnhet. De mørke, men varme øynene hennes. Hennes sterke målbevissthet. Blanchetta hadde rett, vi måtte gjenforene de elskende - det var ikke noe annet valg.

Jeg nikket bekreftende, og madame Delatour forsvant for å tilkalle herr Poe.

Mens vi ventet, skjenket jeg Virginia en sterk kopp varm te, og hun puttet raskt åtte teskjeer sukker i Royal Doulton-kaffen sin, før hun sukket tungt da hun tok sin første smak. Da hun skulle ta en slurk til, begynte hendene hennes å skjelve vilt, og jeg skyndte meg bort til henne for å gripe tak i den antikke koppen og fatet mitt. Jeg la en kappe rundt skuldrene hennes, snudde meg rundt og fikk øye på Edgar Allan Poe i egen høye person.

Han var kledd i svart dress med knelang jakke, som var kneppet opp slik at man kunne se en eplehvit skjorte og en epletrød kravatt under. Øynene hans var høytidelige, grublende, og håret lå som en gardin over pannen. Nesen hans tydet på styrke, og den bartskårne munnen formet ikke et smil da han først så på madame Delatour, så på meg og til slutt hvilte blikket på sin kone.

De klare, triste øynene begynte å gråte, fyldigere og fyldigere, og så fløt de over da han gikk bort til henne og knuget henne til sitt bryst. Hun var som et barn fremdeles, for han omsluttet henne med armene sine, og det virket som om hun fortapte seg der, villig.

Minuttene gikk, og så satte Edgar seg ned. Virginia klatret opp på fanget hans og holdt ham tett rundt halsen. Hun ville ikke slippe ham et øyeblikk.

**Q:** Dere to ser veldig koselige ut sammen. Kanskje dere kan dele et kjært minne?

Jeg visste at de begge tenkte på nøyaktig det samme øyeblikket da de utvekslet blikk. Så begynte Edgar å snakke med en mild og myk stemme:

**A:** Det var på Depot Hotel i byen New Hope, der vi fikk den beste teen du noen gang har drukket, sterk og varm - hvetebrød og rugbrød - ost - tekaker (elegante), et stort fat med skinke og to med kaldt kalvekjøtt stablet opp som et fjell i store skiver - tre tallerkener med kaker og alt i den største overflod. Jeg hadde bare ti dollar, og vi brukte det meste av dem på det måltidet, men nøt det så godt. (2)

Virginia sukket dypt mens Edgar strøk henne over håret, og jeg skjenket en sterk kopp te til dem begge.

Virginia trengte ikke lenger kappen min for å holde varmen: Edgar var hennes teppe.

Spørsmål: Mr. Poe, jeg har lest et sted at du fikk en ussel sum på 10 dollar for utgivelsen av «The Raven». Det kan da ikke være sant?

**A:** Vær så snill å kalle meg Edgar. Du er en venn av Virginia og meg. Men akk, det er sant. Mitt største verk noensinne, og likevel forble jeg en trist, ensom, sulten forfatter kledd i svart, som møtte mennesker som kjente meg, som beundret meg som forfatter, men som visste at jeg drømte drømmer som ingen dødelig noensinne hadde drømt før. (3)

Q: Kriminelt! «Ravnen» er fremdeles et av tidenes mest ærverdige dikt. Jeg leste et sted at Charles Dickens inspirerte deg til å skrive det.

A: Charles Dickens var på turné i USA, og jeg hørte at han skulle komme til Richmond, der jeg bodde. Jeg sendte ham et brev og inviterte ham til lunsj på et hotell i Richmond sentrum. Dickens takket ja, og han kom for å møte meg alene. Da vi satte oss ned for å spise lunsj, la jeg merke til at han hadde grått. Jeg spurte hva som var i veien, og han sa

Jeg håpet at De ikke ville legge merke til det, Mr. Poe, men siden De spurte, skal jeg gi Dem et ærlig svar. Jeg opplevde en personlig tragedie i familien min før jeg forlot England for å komme til Amerika, og jeg tenkte på det. Jeg har en kone og tre barn og et kjæledyr ved navn «Grip». Vi elsket «Grip» nesten like høyt som vi elsker hverandre. Før jeg reiste bort, tok jeg med familien min på en helgeferie. Vi gjorde det vi alltid gjorde med «Grip», nemlig å låse ham inne i stallen vår. Vi la igjen rikelig med mat og vann og tenkte at han ville ha det bra mens vi var borte. Men vi var ikke klar over at det sto en stor boks med maling i stallen, og at lokket hadde falt av.

Dessverre hadde malingen en farge som lignet på vann. Stakkars Grip ble forvirret og drakk opp all malingen ved en feiltakelse. Forestill deg sjokket vårt, herr Poe, da vi låste opp stalldøren da vi kom tilbake, og der lå stakkars «Grip» - flatt på ryggen, stiv som et bord, med beina rett i været, steindød.

Uttrykket «steindød» ga ekko i hodet mitt. Jeg spurte ham: Hva var stakkars lille «Grip»? En katt eller en hund?

Og Mr. Dickens svarte: Å, nei, herr Poe, vi har ingen vanlige kjæledyr i vår familie. «Grip» var faktisk en stor, elskelig, svart ravn. (4)

Den kvelden gikk jeg hjem og reviderte et dikt jeg hadde skrevet om en jente som het «Lenore». Det hadde blitt refusert ved flere anledninger. Jeg endret tittelen til «Ravnen», og alle applauderte det.

Q: Hvorfor tror du «Ravnen» fenget leserne så sterkt?

A: Jeg ville skrive det første eventyret for voksne. Kritikerne spurte hvorfor jeg ikke begynte med «Det var en gang», og jeg fortalte dem det: Men jeg åpnet det på den måten. I mitt hode er all tid midnattstrist (5).

Q: Kan du være så snill å lese noe for oss?
A: Lytt, lytt, for i det fjerne kan du høre:
KLOKKENE
Hør sledene med bjellene -
Sølvklokker!
Hvilken verden av glede deres melodi varsler!
Hvordan de klinger, klinger, klinger,
I nattens iskalde luft!
Mens stjernene som drysser over
over hele himmelen, synes å glimte
Med en krystallinsk fryd;
Holder tiden, tiden, tiden,
I en slags runerim,
Til tintinnabulasjonen som så musikalsk brønner
Fra klokkene, klokkene, klokkene, klokkene,
klokkene,
Bjeller, bjeller, bjeller, bjeller-
Fra bjellenes klirring og klirring.
Hør de myke bryllupsklokker,
Gylne bjeller!
Hvilken verden av lykke deres harmoni forutsier!
Gjennom nattens milde luft
Hvordan de ringer ut sin glede!
Fra de smeltede, gylne toner,
Og alle i takt,
Hvilken flytende vise flyter
Til turtelduen som lytter, mens hun hoverer
På månen!
Å, fra de klingende cellene,

Hvilken strøm av eufoni voluminøst brønner!
Hvordan det svulmer!
Hvordan den dveler
På fremtiden! Hvordan den forteller
Om henrykkelsen som driver
Til svingningen og ringingen
Av klokkene, klokkene, klokkene,
Av bjeller, bjeller, bjeller, bjeller, bjeller,
Klokker, bjeller, bjeller, bjeller
Klokkenes rim og klokkeklang!
Hør de høye alarmklokkene-
Brazen bells!
Hvilken historie av terror, nå, deres turbulens
forteller!
I nattens forskrekkede øre
Hvordan de skriker ut sin affright!
For mye forferdet til å snakke,
De kan bare skrike, skrike,
Ute av melodi,
I en skrikende appell til ildens nåde,
I en vanvittig bønn til den døve og rasende ilden,
Sprang høyere, høyere, høyere,
Med et desperat ønske,
Og en besluttsom anstrengelse,
Nå - nå å sitte eller aldri,
Ved siden av den bleke månen.
Å, klokkene, klokkene, klokkene!
Hvilken historie deres terror forteller
Om fortvilelse!

Hvordan de klirrer, og kolliderer, og brøler!
Hvilken skrekk de utgyter
På brystet av den hjertebankende luft!
Men øret vet det fullt ut,
Ved klirringen,
Og klirringen,
Hvordan faren ebber og flyter:
Likevel øret tydelig forteller,
I skranglingen,
Og kranglingen,
Hvordan faren synker og svulmer,
Ved synkende eller svulmende i bjellenes vrede-
Av klokkene-
Av klokkene, klokkene, klokkene, klokkene, klokkene,
klokkene,
Klokker, bjeller, bjeller, bjeller
I bjellenes larm og klang!
Hør bjellenes klang-
Jernklokker!
Hvilken verden av høytidelige tanker deres monodi
tvinger!
I nattens stillhet,
Hvor vi skjelver av frykt
Ved den melankolske trusselen fra deres tone!
For hver lyd som flyter
Fra rusten i deres struper
Er et stønn.
Og folket - åh, folket -
De som bor oppe i kirketårnet,

Helt alene
Og som, roper, roper, roper,
I den dumpe monotonen
Føler en herlighet i så rullende
På menneskets hjerte en stein
De er verken mann eller kvinne
De er hverken dyr eller menneske
De er ghouls:
Og deres konge er det som roper;
Og han ruller, ruller, ruller,
Ruller
En lovsang fra klokkene!
Og hans glade bryst svulmer
Med klokkers lovsang!
Og han danser, og han skriker;
Han holder takten, takten, takten,
I et slags runerim,
Til bjellenes lovsang
Av klokkene:
Holder tiden, tiden, tiden,
I et slags runerim,
Til bjellenes dunk
Av klokkene, klokkene, klokkene
Til bjellenes hulking;
Holder tiden, tiden, tiden,
Mens han slår, slår, slår,
I et lykkelig runerim,
Til bjellenes rullen
Av klokkene, klokkene, klokkene:

Til bjellenes ringing
Av bjeller, bjeller, bjeller, bjeller, bjeller
Klokker, bjeller, bjeller, bjeller
Til stønn og stønn fra klokkene. (6)

Spørsmål: Takk, Edgar. Fortell meg om den ekstraordinære teknikken du benyttet deg av da du studerte til å bli journalist?

Edgar smilte, tok sin elskedes hender i sine, kysset dem og svarte så:

Svar: Hvis jeg skriver om en reise i en ballong og vil at andre skal tro at jeg har foretatt en slik reise, hvordan kan jeg da gjøre det uten å bruke ting som eksisterte rundt meg for å overbevise leserne mine? I noen av bøkene mine har jeg samtaler med de døde, og med lik som våkner til liv, disse tingene; disse stedene hvor min ånd ville ta meg, men de kunne bare ta meg så langt. Når alt kommer til alt, min kjære kvinne, er ikke livet en bløff, en fantastisk visjon plagiert av en guddommelig poet fra det episke marerittet til et djevelsk sinn? Hvorfor skulle ikke jeg, en menneskelig poet, plagiere de fantastiske visjonene til andre menneskesinn? (7)

Jeg henviste ofte til utenlandske bøker, som ved nærmere etterforskning viste seg aldri å ha eksistert. Jeg var aldri hemmet av utilstrekkelig utdannelse. Jeg elsket å vise frem mine tilegnede kunnskaper gjennom sitater fra språk jeg ikke kunne noe om. (8)

Spørsmål: Hvilke råd vil du gi til forfattere i år 2002 og fremover?

A: Lær deg å arbeide med tidsfrister. Stol på inspirasjon. Skriv raskt. Skriv på en uordnet måte. (9)

Q: Vår tid er snart ute, herr Poe, og jeg ser at din skjønne dame har sovnet med armene forsiktig rundt deg. Jeg vil gjerne stille deg et siste spørsmål. Er du først og fremst kunstner eller poet?

Svar: Jeg er først og fremst kunstner. Jeg malte det groteske og det arabeskaktige. Jeg var interessert i det vakre, ikke det sanne. Sansen for skjønnhet er et udødelig instinkt som ligger dypt i menneskets ånd. Mitt mål var å fremkalle skjønnhet gjennom ordenes musikk, ved hjelp av alle de litterære magiske triksene jeg kunne bruke, som nyhet, sitat, gjentakelse, uventede fraser, kuriositeter ... setninger og følelser av søte klanger som rett og slett var utenfor rekkevidden av analyse. Ingen kunstverk bør noensinne peke på en moral eller inneholde en sannhet. Det er min mening. Det var slik jeg levde. (10)

Akkurat i det øyeblikket fløy hundrevis av flygende rever over himmelen, skrikende som bansheer. Vi reagerte på stemmene deres ved å reise oss - men da jeg så til siden, oppdaget jeg at både herr Poe og Virginia var forsvunnet ut i natten.

Kanskje fløy de av gårde på flaggermusenes vinger, og nå ligger de sammen i Sydneys Royal Botanical Gardens.

Jeg kunne ikke la ting være som de var, så jeg satte meg ned og begynte å lese dette diktet høyt i månens hjelpende lys:

TIL EN I PARADIS
Du var alt det for meg, min elskede,
som min sjel lengtet etter;
En grønn øy i havet, min elskede,
En fontene og en helligdom
Alt omkranset av eventyrlige frukter og blomster,
Og alle blomstene var mine.
Ah, drøm for lys til å vare!
Å, stjerneklare håp, som oppsto
Men for å bli overskyet!
«Videre! Videre!» - men over fortiden
(Dim Gulf!) min ånd svevende ligger
Må, ubevegelig, forskrekket.
For, akk! Akk! Med meg
Livets lys er forbi!
Ikke mer - ikke mer - ikke mer -
(Slikt språk holder det høytidelige hav
Til sanden på stranden)
Skal blomstre det tordenblåste treet,
Eller den rammede ørn sveve.
Og alle mine dager er trancer,
Og alle mine nattlige drømmer
Er der hvor ditt grå øye skuer,
Og hvor dine fotspor skinner
Ved de evige strømmer. (11)
Så blåste jeg ut hvert lys ett etter ett - 40 ønsker
svevde opp til himmelen - Virginia og Edgar sammen
i all evighet.

Madame Delatour snorket så høyt da jeg kom inn i huset igjen. Jeg satt igjen med en følelse av ufullstendighet når det gjaldt Mr. Poe, men følte at de to åndene som hadde funnet sammen igjen, hadde gjort det hele verdt det.

Jeg håper at du vil føle et sterkt ønske om å finne ut mer om Edgar Allan Poes verker. Ta en titt på disse utdragene, og jeg garanterer at du vil få lyst på mer:

The Fall of the House of Usher

Den røde døds maske

Den sovende

En drøm i en drøm

Byen og havet

Drømmeland

Til en i paradiset

Den vakre legen

Det hjemsøkte palasset

Erobreren Ormen

Ravnen

Alene

Den mystiske stjernen

Epigram for Wall Street

Mordene i Rue Morgue

The Pit and the Pendulum

Eventyrland

De lykkeligste dagene

May Queen Ode

Ordets makt

Hvordan skrive en Blackwood-artikkel

Sats aldri hodet ditt på djevelen - en fortelling med en moral

Det stjålne brevet

Den avlange esken.

**Ha det bra, ha det bra!**

**Cathy McGough**

**Din intervjuer av legendariske forfattere fra det hinsidige**

# SHELLEY BEUNDRER COOKS RIVER

MADAME DELATOUR KOM INN i stuen uten dagens gjest: Percy Bysshe Shelley. Hun gikk sin sinte gang - mens de store, lilla øredobbene hoppet opp og ned i takt med hestehalen som svaiet fra side til side. Hun hadde på seg en lilla kappe med fluorescerende stjerner og måner som hun hadde brodert på den. Armbåndene klirret sammen da hun åpnet terrassedørene og sa

«Hva skal jeg gjøre, Cathy? Hva skal jeg gjøre? Det er lord Byron. Han flørter med meg og tilbyr meg å intervjue ham før Mr. Shelley. Han vil se hvordan to kvinner i år 2002 er. Han mener at han kan håndtere to kvinner i fremtiden mye bedre enn herr Shelley, og dessverre er herr Shelley tilbøyelig til å være enig. Han hindrer herr Shelley i å gå over. «Hva skal jeg gjøre? Hva skal vi gjøre?»

Lord Byron var frekk! Hans historie med kvinner var velkjent, og det ville vært spennende å intervjue ham. Men intervjuene blir valgt ut på forespørsel fra lesere, familie og venner. Byron hadde blitt bedt om et intervju, men han var langt nede på listen.

Jeg overtalte madame Delatour til å si til lord Byron at vi sparte det beste til sist. Lord Byrons legendariske ego ville tro på det, og forhåpentligvis ville ting komme på rett spor igjen med Mr. Shelley.

Percy Bysshe Shelley ble født 4. august 1792 (en løve!) i Sussex i England. Mange år etter hans død skal William Wordsworth ha sagt om Shelley at han var «en av de beste kunstnerne av oss alle, når det gjaldt stilistisk utførelse».

Percy innledet et vennskap med filosofen William Godwin og forelsket seg umiddelbart i datteren Mary (selv om han allerede var gift og hadde barn.) Etter sin første kones tragiske selvmord forsøkte han å få foreldreretten til barna, men fikk avslag. Han var dypt forarget over det engelske rettssystemet, og reiste bort med et løfte om aldri å vende tilbake.

Shelley og Mary flyttet snart til Italia, der han kom til å tilbringe de siste årene av sitt liv. Den 8. juli 1822 ble Shelley og en venn overrasket av en plutselig storm mens de seilte i en liten båt i Lerici, Italia, på kysten av Spezia-bukten. Likene deres ble skylt opp på stranden, og i samsvar med italiensk lov ble de kremert på stranden i nærvær av vennene og dikterkollegene Trelawney, Hunt og Byron. Asken ble fraktet til Roma og begravet nær graven til hans kjære venn John Keats.

Shelley var lidenskapelig opptatt av mange ting, men poesien var hans første kjærlighet, og det kommer tydelig frem i essayet han skrev som svar på Thomas Love Peacocks «The Four Ages of Poetry».

I essayet hevdet Peacock at poesien snart ville dø ut fordi menneskene vendte seg mot de store og permanente interessene i samfunnet. (1)

Her er et utdrag fra Shelleys imøtegåelse:

**ET FORSVAR FOR POESIEN**

Poesien er nedtegnelsen av de beste og lykkeligste øyeblikkene i de lykkeligste og beste sinn. Vi er klar over flyktige besøk av tanker og følelser, noen ganger knyttet til sted eller person, noen ganger gjelder det vårt eget sinn alene, og alltid oppstår de uforutsett og forsvinner ubedt, men oppløftende og herlige hinsides alle uttrykk; slik at selv i ønsket og angeren de etterlater seg, kan det ikke være annet enn glede, da det deltar i objektets natur. Det er som om en guddommelig natur gjennomtrenger vår egen; men dens fotspor er som vindens fotspor over havet, som morgenstillheten visker ut, og hvis spor bare blir igjen som på den rynkete sanden som baner vei for den.

Disse og tilsvarende tilstander oppleves først og fremst av dem som har den mest delikate følsomhet og den mest utstrakte fantasi, og den sinnstilstand som de frembringer, er i krig med ethvert usselt begjær. Begeistringen for dyd, kjærlighet, patriotisme og vennskap er i bunn og grunn knyttet til slike følelser, og så lenge de varer, fremstår selvet som det det er, som et atom i et univers.

Poeter er ikke bare underlagt disse opplevelsene som ånder av den mest forfinede organisasjon, men de kan farge alt de kombinerer med de flyktige nyansene i denne eteriske verden; et ord, et trekk i fremstillingen av en scene eller en lidenskap vil berøre den fortryllede akkorden, og gjenopplive, hos dem som noen gang har opplevd disse følelsene, det sovende, det kalde, det begravde bildet av fortiden. Poesien gjør på denne måten alt det beste og vakreste i verden udødelig; den fanger opp de forsvinnende skikkelsene som hjemsøker livets mellomrom, og ved å tilsløre dem i språk eller form, sender den dem ut blant menneskene og bringer søte nyheter om slektsglede til dem som deres søstre lever sammen med - lever sammen med, fordi det ikke finnes noen uttrykksvei fra åndens huler, som de bebor, ut i tingenes univers. Poesien forløser menneskenes guddommelige besøk fra forfallet. (2)

Så lidenskapelig! Så elegant skrevet! Jeg gleder meg til å se Shelley i levende live.

Og for anledningen har jeg forberedt en tallerken med Vegemite-smørbrød, noen Lamingtons og en kanne med varm te. Ingenting er som australsk gjestfrihet!

Nå, mine damer og herrer, ser det ut til at vi er klare til å dra, for jeg ser at Mr. Shelley blir ført mot meg. Selv på avstand ser han ganske engleaktig ut med sine fengslende blå øyne og sitt lange, mørkebrune, krøllete hår. Han er kledd i en superfin olivenfarget frakk med forgylte knapper og en stripete Marcela-vest. (3) Øynene hans er noe nedadvendte (kanskje ser han på teppet), men da han får øye på glassdørene som fører ut til balkongen, stryker han raskt fingrene gjennom håret og går rett mot rekkverket og sier:

Det er akkurat som den store terrasseverandaen hjemme hos meg i Casa Magni, med utsikt over Spezia-bukten, hvor det også var havutsikt og landskap av enestående skjønnhet. (4) Er det båter i nærheten? Kan jeg få seile i dag?

*For første gang møttes våre blikk, og på nært hold var han som et barn man ikke kunne si nei til. Men vi hadde begrenset med tid, og jeg måtte fortelle ham hva han så på, nemlig Cooks River, ikke havet - og forklare hvor vi befant oss i Australia. Da jeg bekreftet at det ikke var tid til å seile, surmulte han litt, helt til han ble distrahert av de uvante lydene fra kookaburraer og skjærer. I det fjerne danset tyggegummitrærne og jacarandaene i brisen mens jeg skjenket Mr. Shelley en kopp kaffe.*

Da vi satte oss ned, stirret Shelley meg inn i øynene. Da vi fikk kontakt, så han bort.

Jeg gikk tilbake til notatene mine, og snart fanget jeg blikket hans på nytt. Jeg var ikke sikker på hva han så på. Faktisk var jeg ikke sikker på noe som helst i det øyeblikket. Jeg kjente en varm rødme stige opp på kinnet mitt.

Intensiteten i blikket hans fortsatte.

*Etter at jeg begynte å intervjue, har jeg utviklet en følelse av selvtillit når jeg er i nærvær av disse mestrene. Jeg føler meg som regel avslappet, selv om jeg har en viss ærefrykt.*

*Men Shelleys stadige blikk, som han stadig vendte bort, gjorde meg urolig.*

*Jeg forsøkte å gjenvinne roen ved å stokke litt i noen papirer, da han - den følsomme sjelen han alltid er - oppdaget at jeg var rød i ansiktet.*

Jeg ber om unnskyldning, kjære frue. Det var ikke meningen å gjøre deg usikker. Det er øynene dine. De gjennomtrengende hasselnussbrune øynene dine (5). Jeg har sett dem før i min kone Marys vakre og velformede hode.

*Et øyeblikk var jeg målløs. Men jeg klarte å få frem et musestille takk. I noen sekunder så vi ut i det fjerne, til jeg hadde full kontroll, og så begynte intervjuet.*

**Q:** Fortell meg om et spesielt øyeblikk du delte med Mary.

**A:** Jeg likte de øyeblikkene da hun fulgte etter meg til stedet der jeg fortøyde båten min. Der lå hun med hodet på kneet mitt og lukket de trøtte øynene sine. Jeg kjærtegnet det gylne hodet hennes. Vi pustet inn sjøluften og lot den myke brisen lulle oss forsiktig inn. Det var som om vi befant oss i en helt egen verden. (6)

**Q:** Å, så romantisk! Dette er et litt merkelig skifte av tema, men jeg leste et sted at du og Mary var vegetarianere? Det er faktisk en veldig populær livsstil i dag.

**A:** Jeg er redd det var en nødvendighet å være vegetarianer, ikke et valg. Hvis vi var så heldige å få kjøpt kjøtt, pleide både Mary og jeg å sørge for at barna fikk det. Jeg levde for det meste av brød, og hadde alltid med meg en bit i lommen for ikke å glemme å spise helt. Poesien ga meg næring. (7)

**Q:** Hva savnet du mest under ditt frivillige eksil fra England?

**A:** Hjemlengselen overrumplet meg av og til, og da var det å lese verkene til Lake Poets, og særlig William Wordsworths ord, som var mitt botemiddel. Våre diktere og filosofer, våre fjell og innsjøer, de landlige veiene og åkrene som er så spesielt våre, er bånd som aldri kan brytes, med mindre jeg blir fullstendig sanseløs. Disse og minnet om dem, selv om jeg aldri skulle vende tilbake, disse og sinnets følelser, som de en gang har vært forent med, er uatskillelig forent, selv om jeg for alltid ikke skulle vende tilbake til dem. (8)

Det er også svært vanskelig å finne en god kopp te når man er i utlandet.

**Q:** Hvordan kom det seg at du ble kjent som «Mad Shelley»? (9)

**A:** Jeg holdt ofte på med eksperimenter med kjemikalier og magi. De andre barna pleide å erte meg ubarmhjertig og følge etter meg og til og med dra på det de kalte «Shelley-jakter». Men det var en dag da det virkelig eskalerte. Det var under oppholdet mitt på Eton. Jeg tegnet en sirkel og stilte meg i midten av den. De andre elevene samlet seg rundt meg mens jeg helte alkohol i en liten tallerken og satte fyr på den. Jeg så på at den ble blålig, og så begynte jeg å resitere ting som «Demoner, kom ut og bli med oss!» En lærer la merke til meg og ropte og spurte hva jeg holdt på med. Jeg fortalte ham at jeg prøvde å vekke djevelen. (10)

**Spørsmål:** Stemmer det at du brukte søsknene dine i eksperimentene dine?

**A:** Min søster Hellens dagbok beskriver mine påfunn best. Husk at jeg bare var elleve år gammel:

Da min bror begynte å studere kjemi og praktiserte elektrisitet på oss, må jeg innrømme at min glede over det ble fullstendig avløst av redsel for virkningene. Hver gang han kom til meg med et stykke brunt, brettet pakkepapir under armen og en bit ledning og en flaske, sank hjertet mitt av frykt når han nærmet seg, men skammen fikk meg til å tie, og sammen med så mange andre som han kunne samle, ble vi plassert hånd i hånd rundt bordet i barnehagen for å bli elektrifisert. (11)

**Q:** Og apropos det elektriske - hva tenker du om kjærligheten?

**A:** Jeg forventet alltid mer av kjærligheten, krevde mer av kjærligheten enn den var i stand til å gi tilbake.

Derfor skuffet kjærligheten meg alltid. Man er alltid forelsket i et eller annet; feilen består i at man i bildet søker likheten med det som er evig. (12)

**Spørsmål:** Hvem har hatt størst innflytelse på ditt arbeid?

**A:** Platon, uten tvil. Platon var i bunn og grunn en poet. Sannheten og glansen i hans billedspråk og melodien i hans språk er den mest intense som det er mulig å tenke seg. Han avviste harmonien i tanker uten form og handling, og han lot være å oppfinne regelmessige stilpauser. (13) Jeg oversatte hans «Ion» - en del av «Faset» og flere epigrammer. Jeg skrev dette for ham:

**MORGEN- OG AFTENSTJERNE**

Du er morgenstjernen blant de levende,
Før var ditt skjønne lys forsvunnet;
Nå, etter å ha dødd, er du som Hesperos, som gir
ny glans til de døde. (14)

Likevel kan jeg ikke unnlate å huske Dante. Dante var den første som vekket det fortryllede Europa; han skapte et språk som i seg selv var musikk og overtalelse, ut av et kaos av uharmoniske barbarismer. Han var forsamlingen av de store åndene som presiderte over lærdommens oppstandelse, Lucifer i den stjerneklare flokken som i det trettende århundret lyste ut fra det republikanske Italia, som fra en himmel, inn i mørket i den gudsforlatte verden. Hans ord er fylt av ånd; hvert ord er som en gnist, et brennende atom av en uutslukkelig tanke; og mange av dem ligger ennå dekket av asken etter sin fødsel og er svanger med et lyn som ennå ikke har funnet noen leder. (15)

**Spørsmål:** Definer poet?

**Svar:** I tidligere tider ble diktere, alt etter omstendighetene i den tidsalder og nasjon de opptrådte i, kalt lovgivere eller profeter: en dikter omfatter og forener i bunn og grunn begge disse karakterene. For han ikke bare ser intenst på nåtiden slik den er, og oppdager de lovene som nåtidens ting bør ordnes etter, men han ser fremtiden i nåtiden, og hans tanker er kimen til blomsten av den siste tidens frukt. Ikke at jeg påstår at diktere er profeter i ordets grove betydning. En dikter har del i det evige, det uendelige og det ene. (16)

**Spørsmål:** Krever en dikter en formell utdannelse eller bare livets utdannelse?

**Svar:** Det finnes en utdannelse som er spesielt egnet for en dikter, og uten den kan genialitet og følsomhet knapt fylle hele sirkelen av sine evner... Omstendighetene rundt min tilfeldige utdannelse har vært gunstige for denne ambisjonen. Jeg har fra barnsben av vært fortrolig med fjell, innsjøer, havet og skogens ensomhet: Faren, som leker på randen av stup, har vært min lekekamerat. Jeg har tråkket på isbreene i Alpene og levd under Mont Blancs blikk. Jeg har vandret blant fjerne marker. Jeg har seilt nedover mektige elver og sett solen gå opp og ned, og stjernene komme frem, mens jeg har seilt natt og dag nedover en rask strøm mellom fjellene. Jeg har sett folkerike byer og sett lidenskapene stige og spre seg, synke og forandre seg blant en forsamling av mennesker.

Jeg har sett skueplassen for tyranniets og krigens mer synlige herjinger; byer og landsbyer redusert til spredte grupper av svarte og takløse hus, og de nakne innbyggerne satt utsultet på sine øde terskler.

Jeg har snakket med levende, geniale menn. Poesien i antikkens Hellas og Roma, i det moderne Italia og i vårt eget land har vært en lidenskap og en nytelse for meg, i likhet med den evige natur. Det er fra disse kildene jeg har hentet materialet til mine dikts billedspråk. Jeg har betraktet poesien i dens mest omfattende betydning; og har lest dikterne og historikerne og metafysikerne hvis skrifter har vært tilgjengelige for meg, og har sett på jordens vakre og majestetiske landskap som felles kilder til de elementene som det er poetens provins å legemliggjøre og kombinere ... I hvilken grad jeg vil bli funnet i besittelse av poesiens vesentligste egenskap, evnen til å vekke følelser i de andre som de som besjeler mitt eget bryst, er noe jeg oppriktig talt ikke vet. (17)

**Spørsmål:** Hva synes du om din dikterkollega og venn Lord Byron?

**A:** Lord Byron var en overordentlig interessant person, og som sådan er det beklagelig at han var slave av de usleste og mest vulgære fordommer, og gal som vinden! (18)

**Spørsmål:** Det skal jeg huske på når jeg intervjuer ham! Du har reist ganske mye. Hvis du måtte velge ett sted som din favoritt, hvilket ville du valgt?

**A:** Colosseum: Det hadde med tiden blitt forvandlet til et amfiteater av steinete åser som var overgrodd av ville oliven, myrter og fikentre, og hvor små stier slynger seg mellom de ødelagte trappene og de umåtelige galleriene. Jeg kunne nesten ikke tro at det kunne ha virket så sublimt og imponerende da det var dekket av dorisk marmor og prydet av søyler av egyptisk granitt. (19)

**Spørsmål:** Hva vil du gjerne formidle til poeter i år 2002?

**Svar:** Vi har mer moralsk, politisk og historisk visdom enn vi vet hvordan vi skal omsette i praksis; vi har mer vitenskapelig og økonomisk kunnskap enn det som kan tilpasses en rettferdig fordeling av de produkter som den mangfoldiggjør. Poesien i disse tankesystemene skjules av opphopningen av fakta og kalkulerende prosesser ... Vi mangler den kreative evnen til å forestille oss det vi vet; vi mangler den generøse impulsen til å handle det vi forestiller oss; vi mangler livets poesi; våre kalkulasjoner har overgått vår forestilling ... Kultiveringen av de vitenskapene som har utvidet grensene for menneskets imperium over den ytre verden, har i stor grad manglet den poetiske evnen til å begrense grensene for den indre verden; og mennesket, som har gjort elementene til slaver, forblir seg selv en slave. (20)

**Spørsmål:** Percy, før du går - kan du være så snill å lese «The Cloud»? Det er min favoritt.

**A:** Etter spesiell anmodning, bare for deg, kjære dame:

**THE CLOUD**

Jeg bringer friske byger til de tørstende blomstene,
Fra havet og bekkene;
Jeg bærer lett skygge for bladene når de ligger
I deres middagsdrømmer.
Fra mine vinger ristes dugg som vekker
De søte knoppene hver og en,
Når de vugges til hvile på sin mors bryst,
Når hun danser om solen.
Jeg svinger haglets piskende slag
Og hvitner de grønne slettene under,
Og så igjen oppløser jeg det i regn,
Og ler når jeg passerer i torden.
Jeg siler snøen på fjellene nedenfor,
Og de store furutrærne stønner forferdet;
Og hele natten er min pute hvit,
Mens jeg sover i stormens armer.
Sublime på tårnene i mine himmelske buer,
Lynet min pilot sitter;
I en hule under er tordenen bundet,
Det kjemper og hyler ved anfall;
Over jord og hav, med mild bevegelse,
Denne piloten leder meg,

Lokket av kjærligheten til geniene som beveger seg
I dypet av det purpurfargede hav;
Over åsene og klippene og åsene,
Over innsjøer og sletter,
Hvor han enn drømmer, under fjell eller strøm,
Ånden han elsker blir igjen;
Og jeg soler meg i himmelens blå smil,
Mens han oppløses i regn.
Den sanguine soloppgang, med sine meteorøyne,
Og sine brennende fjær utbredt,
Sprang på ryggen av min seilende rack,
Når morgenstjernen skinner død;
Som på en fjellknaus
Som et jordskjelv gynger og svinger,
En ørn kan sitte et øyeblikk
I lyset av sine gylne vinger.
Og når solnedgangen kan puste, fra det opplyste
hav under,
sin glød av hvile og kjærlighet,
Og den karmosinrøde kveldsskygge kan falle
Fra himmelens dyp,
Med utfoldede vinger hviler jeg på mitt luftige rede,
Så stille som en rugende due.
Den orbed jomfru med hvit ild lastet,
Som dødelige kaller månen
Glider glitrende over mitt skinnende gulv,
Av midnattsbrisen strødd;
Og hvor enn hennes usynlige føtter slår,
Som bare englene hører,

Kan ha brutt veven i mitt telts tynne tak,
Stjernerne titter bak henne og kikker;
Og jeg ler når jeg ser dem virvle og flykte,
Som en sverm av gylne bier,
Når jeg utvider revnen i mitt vindbygde telt,
Til de rolige elver, innsjøer og hav,
Som strimler av himmelen falt gjennom meg i det
høye,
Er hver brolagt med månen og disse.
Jeg binder solens trone med en brennende sone,
Og månens med et belte av perle;
Vulkanene er svake, og stjernene snurrer og
svømmer,
Når virvelvindene mitt banner utfolder seg.
Fra kappe til kappe, med en brolignende form,
Over et brusende hav,
Solstråle-sikker, jeg henger som et tak, -
Fjellene dens søyler være.
Triumfbuen som jeg marsjerer gjennom
Med orkan, ild og snø,
Når luftens makter er lenket til min stol,
Er den millionfargede bue;
Sfære-ild over dens myke farger vevde,
Mens den fuktige jorden lo under.
*Han stoppet brått opp og la merke til at jeg hadde
fortsatt å si ordene, kremtet, smilte og fortsatte ...*
Jeg er datter av jord og vann,
og himmelens barnebarn;
Jeg går gjennom porene i havet og på kysten,

Jeg forandrer meg, men jeg kan ikke dø.
For etter regnet, når det aldri er en flekk
Himlens paviljong er bar,
Og vindene og solstrålene med sine konvekse glimt
Bygger opp luftens blå kuppel,
ler jeg stille av min egen kenotaf,
Og ut av regnets huler,
Som et barn fra livmoren, som et spøkelse fra graven,
reiser jeg meg og bygger den opp igjen. (21)
Mens han leste, begynte han å fade inn og ut, som en dårlig overføring, og da han var ferdig med den siste linjen, hadde han forsvunnet helt.

*Jeg håper du er blitt smittet av Shelley-bacillen og oppfordrer deg til å oppsøke verkene hans.*

*Jeg anbefaler følgende:*
Prometheus Unbound
Skyen
Adonais
Dronning Mab
Anarkiets maske
Til en sanglerke
Ode til vestenvinden
Til månen
En klagesang
Laon og Cyntha
Kjærlighetens filosofi
Hymne til naturens ånd
Poetens drøm

Linjer til en indisk luft

Cenci

Til natten

Jeg frykter dine kyss

Kjærlighetens flukt

Ozymandias fra Egypt

Til en dame med gitar

Invitasjonen

Erindringen

Ensomhetens ånd

Alastor

Rosalind og Helen

En drøm om det ukjente

Musikk, når myke stemmer dør

Den indiske serenaden

Livets triumf

Et forsvar for poesien.

*Følg med neste uke, når madame Delatour kommer med en ny gjest til min ydmyke bolig. Foreløpig trenger hun en stor whisky med is, for Lord Byron henger fortsatt rundt som en dårlig penny og prøver å overtale oss til å intervjue ham neste gang. Beklager, det går ikke, lord Byron - publikum bestemmer!*

**Ta, ta!**

**Cathy McGough**

**Din intervjuer av legendariske forfattere fra det hinsidige**

# WILKIE COLLINS VEVER EN FORTELLING

HAR DU OPPDAGET WILKIE Collins' verker? Hvis du ikke har snublet over noen av romanene hans i din lokale bokhandel, har du virkelig gått glipp av noe!

Wilkie Collins ble født 8. januar 1824 i New Cavendish Street i London, England. Collins etterlot seg en enorm arv bestående av tjuefem romaner, over femti noveller, nesten femten skuespill og over hundre faglitterære verk. Hans romaner «Månesteinen» og «Kvinnen i hvitt» er to klassikere. Wilkie Collins var utdannet jurist, noe som kom godt med da han skrev sine melodramatiske, men omhyggelige thrillere.

Madame Delatour ga meg beskjed om at Mr. Collins var på vei ut - og i løpet av sekunder la jeg merke til at han kom gående mot meg. Han så seg nysgjerrig rundt mens jeg presenterte meg og takket ham for at han var kommet for å møte meg.

Han satte seg ned et øyeblikk, og så reiste han seg plutselig opp - mens han viftet ettertrykkelig med hendene og pekte opp mot himmelen: Wilkie Collins hadde oppdaget kunsten å skrive på himmelen.

Han betraktet jetstrømmen, som et barn som venter på budskapet. Et øyeblikk trodde jeg at han hadde sluttet å puste, så overveldet var han av ordene som ble skrevet.

Jetstrømmen stoppet, og ordet «Nokia» åpenbarte seg for min gjest. Han så på meg, så på meldingen og leste den høyt om og om igjen, som om han prøvde å dechiffrere en hemmelig kode.

Jeg forklarte hva det betydde, og Mr. Collins ble svært skuffet. Han kommenterte at verden hadde sunket til et lavmål når det gjaldt å tillate forurensning av himmelen til reklameformål.

Jeg hadde ikke tenkt på skywriting på den måten før... Snart nok forsvant jetstrømmen, og intervjuet vårt begynte.

**Q:** Når møtte du Charles Dickens for første gang?

**A:** Charles og jeg møttes 12. mars 1851. Jeg hadde takket ja til rollen som betjenten Smart i en amatøroppsetning av Bulwer-Lyttons stykke «Not So Bad as We Seem». Charles var tolv år eldre enn meg, og han var allerede en etablert forfatter og offentlig person. Likevel ble vi venner for livet. I 1854 tilegnet jeg boken «Hide and Seek» til ham: «Til

Charles Dickens er denne historien innskrevet som et tegn på beundring og hengivenhet, av hans venn, forfatteren.»

Jeg var ansatt i «Household Words» i fem år, og senere i «All The Year Round». Vi samarbeidet også om julenumrene til begge publikasjonene, blant annet «No Thoroughfare». (1)

**Q:** Har du alltid elsket å fortelle historier?

**A:** Som ung gutt, på Second School i Highbury, der jeg gikk på internat, ble jeg jevnlig mobbet av skolebestyreren.

«Du skal få sove, Collins», sa han, »når du har fortalt meg en historie.»

Det var dette udyret som først vekket en kraft i meg, hans stakkars offer, som jeg kanskje aldri hadde blitt klar over uten ham ... Da jeg sluttet på skolen, fortsatte jeg å fortelle historier for min egen fornøyelses skyld. (2)

**Q:** Du forsøkte å vise livet slik det var, selv om publikum ofte ønsket å gjøre som strutser.

**A:** Vi er blitt så skamløst fortrolige med vold og overgrep at vi anerkjenner dem som en nødvendig ingrediens i vårt samfunnssystem, og vi klassifiserer våre villmenn som en representativ del av vår befolkning under det nyoppfunnede navnet «råskinn». Hundrevis av andre forfattere har rettet offentlighetens oppmerksomhet mot den skitne Rough i fustian. Hvis jeg hadde holdt meg innenfor disse grensene, ville jeg ha fått alle mine lesere med meg. Men jeg er dristig nok til å rette oppmerksomheten mot den vaskete Rough i broadcloth - og jeg må forsvare meg overfor lesere som ikke har lagt merke til denne varianten, eller som, når de har lagt merke til den, foretrekker å ignorere den.

Er det ikke nødvendig å protestere, i sivilisasjonens interesse, mot en gjenoppliving av barbariet blant oss, som påstår seg å være en gjenoppliving av mandig dyd, og finner menneskelig dumhet faktisk tett nok til å innrømme påstanden? (3)

**Spørsmål:** Jeg beklager å måtte meddele deg at ting ikke har forandret seg særlig mye i dag. Du må lure på om de noen gang vil gjøre det. Kanskje dette er et godt tidspunkt å be deg om å lese noe fra en av bøkene dine?

**A:** «Basil» var det andre skjønnlitterære verket jeg produserte. Da den kom ut, ble den uten videre fordømt av en viss klasse av lesere, som en fornærmelse mot deres anstendighetssans. Jeg visste at «Basil» ikke hadde noe å frykte fra renskårne lesere, og jeg lot disse sidene stå og falle med de fortrinn de hadde. Sakte og sikkert trengte historien min seg gjennom all negativ kritikk, til en plass i publikums gunst, som jeg håper den aldri har mistet siden.

Dette er hentet fra del I, kapittel II av:

**BASIL**

Jeg kunne her forsøke å skissere min egen karakter slik den var på den tiden. Men hvilket menneske kan si: «Jeg vil lodde dybden av mine egne laster og måle høyden av mine egne dyder, og være så god som sitt ord? Vi kan verken kjenne eller dømme oss selv; andre kan dømme, men ikke kjenne oss; Gud alene dømmer og kjenner også. La min karakter komme til syne - så langt en menneskelig karakter kan komme til syne i sin integritet, i denne verden - i mine handlinger, når jeg beskriver den ene begivenhetsrike passasjen i mitt liv, som danner grunnlaget for denne fortellingen. I mellomtiden er det først nødvendig at jeg sier noe mer om medlemmene av min familie. Minst to av dem vil være viktige for hendelsesforløpet på disse sidene. Jeg gjør ikke noe forsøk på å bedømme deres karakter; jeg beskriver dem bare - med rette eller urette, det vet jeg ikke - slik de fremsto for meg. (4)

**Spørsmål:** Det er blitt sagt at du var en «tvangsmessig korrekturleser». Er det en rimelig påstand?

**A:** Rettferdig? Hva er rettferdig? Jeg reviderte. For at noen skal kunne kalle meg en «tvangsmessig korrekturleser», må de ha sett manuskriptene og korrekturene til romanene mine. Jeg gikk gjennom dem i detalj før utgivelsen, endret, la til og strøk helt til siden ble en nesten uleselig palimpsest. Hver gang det var behov for en ny utgave av en roman, benyttet jeg anledningen til å revidere den på nytt. Som regel var det mindre endringer i tegnsetting og setningsoppbygging jeg gjorde. Unntaket var «Hide and Seek», der endringene var langt mer omfattende.

Den var tilegnet min kjære venn Charles Dickens, og derfor måtte jeg gjøre den så perfekt som mulig. I forordet til 1861-utgaven skrev jeg: «Jeg har forkortet, og i mange tilfeller utelatt, flere passasjer ... som stilte større krav til leserens tålmodighet enn jeg nå synes det er ønskelig å våge seg på. (5)

**Q:** Noen kritikere har hevdet at «Hide and Seek» var selvbiografisk på grunn av at familiens kjæledyr «Snooks» dukker opp.

**A:** Akk, den eneste delen av «Hide and Seek» som var selvbiografisk, var min kjære kattunge «Snooks», som jeg husker at jeg skrev til min mor i 1844, hvor jeg klaget over hushjelpens oppførsel overfor den:

Forleden dag belærte jeg henne om umenneskelighet. I sin iver for vitenskapen eller for kjøkkenet (jeg vet ikke hva det var) forsøkte hun å gjeninnføre gjennom kattungens nese det som det uskyldige dyret like før hadde utstøtt som verdiløst fra en motsatt og mindreverdig del av kroppen sin. Charles (broren min) forsøkte å rase over emnet med kokken. Jeg forsøkte å filosofere med stuepiken. Han mislyktes. Jeg lyktes - «Snooks» nese ble renset. (6)

**Q:** Kan du forklare hva du mener om skjønnlitteraturens familie?

**A:** I den tro at romanen og skuespillet er tvillingsøstre i fiksjonens familie; at den ene er et drama som fortelles, mens den andre er et drama som spilles; og at alle de sterke og dype følelsene som skuespillforfatteren har privilegiet til å vekke, har romanforfatteren også privilegiet til å vekke, har jeg ikke funnet det verken politisk eller nødvendig å holde meg til realiteter, men bare til hverdagslige realiteter, selv om jeg holder meg til dem. Jeg har med andre ord ikke sunket så lavt at jeg har forsikret meg om leserens tro på sannsynligheten av min historie, men jeg har aldri oppfordret ham til å utøve sin tro. De ekstraordinære ulykkene og hendelsene som skjer med få mennesker, forekom meg å være et like legitimt materiale for fiksjonen å arbeide med - når det var et godt formål med å bruke dem - som de vanlige ulykkene og hendelsene som kan, og skjer med oss alle. Ved å appellere til genuine kilder av interesse innenfor leserens egen erfaring, kunne jeg sikkert få hans oppmerksomhet til å begynne med; men det ville bare være ved å appellere til andre kilder (like genuine på sin måte) utenfor hans egen erfaring, at jeg kunne håpe å fiksere hans interesse og vekke hans spenning, å oppta hans dypere følelser eller å vekke hans edlere tanker. (7)

**Spørsmål:** Er det romanforfatterens rolle å presentere realisme for sine lesere?

**A:** Til de personene som er uenige i de brede prinsippene som er nevnt her; som benekter at det er romanforfatterens kall å gjøre mer enn bare å underholde dem; som viker tilbake for alle ærlige og seriøse henvisninger i bøker, til emner de tenker på privat og snakker om offentlig overalt; som ser skjulte implikasjoner der ingenting er underforstått og upassende hentydninger der ingenting upassende er hentydet til; hvis uskyld ligger i ordet og ikke i tanken; hvis moral stopper ved tungen og aldri når hjertet - for disse menneskene ville jeg anse det som et tap av tid, og verre, å gi noen ytterligere forklaring på mine motiver, enn den tilstrekkelige forklaringen som jeg allerede har gitt. Jeg henvender meg ikke til dem i dette intervjuet, og jeg kommer aldri til å tenke på å henvende meg til dem i noe annet. (8)

**Q:** I «No Name» tror jeg du har forsøkt noe som ingen romanforfatter har forsøkt før.

**A:** Den eneste hemmeligheten i boken ble avslørt midtveis i første bind. Fra da av ble alle de viktigste hendelsene i historien med vilje antydet før de fant sted - min hensikt var å vekke leserens interesse for å følge de omstendighetene som førte til de forutsette hendelsene. Da jeg prøvde meg på dette nye sporet, vendte jeg ikke i tvil ryggen til det jeg allerede hadde gått over. Mitt eneste mål med å følge en ny kurs var å utvide omfanget av mine studier i kunsten å skrive skjønnlitteratur, og å variere formen jeg appellerte til leseren i, så attraktivt som jeg kunne. (9)

**INGEN NAVN**

Den første scenen

Viserne på hallklokken viste halv sju om morgenen. Huset var en herregård i West Somerset Shire som het Combe-Raven. Det var den fjerde mars, og året var 1846.

Ingen andre lyder enn klokka som tikket jevnt og trutt, og den klumpete snorken fra en stor hund som lå på en matte utenfor døren til spisestuen, forstyrret den mystiske morgenstillheten i gangen og trappeoppgangen. Hvem var de sovende som lå gjemt i de øvre regionene? La huset avsløre sine egne hemmeligheter, og la de sovende avsløre seg selv, en etter en, etter hvert som de gikk ned trappene fra sengene sine.

Da klokken viste kvart på syv, våknet hunden og ristet på seg. Etter å ha ventet forgjeves på tjeneren, som pleide å slippe den ut, vandret den hvileløst fra den ene lukkede døren til den andre i første etasje, og da den kom tilbake til matten sin i stor forvirring, appellerte den til den sovende familien med et langt og melankolsk hyl.

Før de siste tonene av hundens protest hadde lagt seg, knirket eiketrappene i husets øverste etasjer under de langsomt nedadgående skrittene. Om et øyeblikk kom den første av de kvinnelige tjenerne til syne, med et møkkete ullsjal over skuldrene - for mars-morgenen var dyster, og reumatisme og kokken var gamle bekjente.

Kokken tok imot hundens første hjertelige tilnærmelser med den verst tenkelige ynde, åpnet langsomt døren til hallen og slapp dyret ut. Det var en vill morgen. Over en stor gressplen og bak en svart granplantasje brøt den oppgående solen seg vei oppover gjennom hauger av grå, fillete skyer; tunge regndråper falt med korte mellomrom; marsvinden ristet rundt hushjørnene, og de våte trærne svaiet trøtt. (10)

**Spørsmål:** Jeg er sikker på at leserne våre er nysgjerrige og vil løpe ut til sin lokale bokhandel for å finne ut hva som skjer. For dem som ikke har lest «No Name», kan du forklare premissene for boken?

**Svar:** Hovedformålet med historien er å appellere til leserens hovedinteresse for et emne som har vært tema for noen av de største forfatterne, både levende og døde - men som aldri har vært, og aldri kan bli, uttømt, fordi det er et emne som er evig interessant for hele menneskeheten. Det er enda en bok som skildrer en menneskelig skapnings kamp under de motstridende påvirkningene fra det gode og det onde, som vi alle har følt, som vi alle har kjent. (11)

**Spørsmål:** «No Name» forteller om hvordan en brutal skjebne forandrer tilværelsen til to søstre. Det er sjelden humor i romaner om så alvorlige temaer.

**A:** Jeg forsøkte å gi de mer alvorlige passasjene i boken denne lettelsen, ikke bare fordi jeg mente meg berettiget til det i henhold til kunstens lover - men fordi erfaringen har lært meg at det ikke finnes noe moralsk fenomen som ublandet tragedie i verden rundt oss. Hvor vi enn ser hen, så krysser de mørke og de lyse trådene hverandre uavlatelig i menneskelivets struktur. (12)

**Spørsmål:** Ingen forfatter har kommet i nærheten av deg, Mr. Collins, når det gjelder å lokke leserne inn i den verden du har skapt. Et perfekt eksempel som jeg umiddelbart kommer til å tenke på, er novellen din: «Mr. Policeman and the Cook» - har du noe imot å lese de første avsnittene i historien?

**Svar:** Hvis jeg hadde hatt tid, ville jeg ha lest den i sin helhet. Men på grunn av tidsbegrensninger må jeg nøye meg med disse få avsnittene:

## MR. POLITIMANNEN OG KOKKEN

Et første ord til meg selv

Før doktoren forlot meg en kveld, spurte jeg ham hvor lenge jeg hadde igjen å leve. Han svarte: «Det er ikke lett å si: «Det er ikke lett å si; du kan dø før jeg kan komme tilbake til deg i morgen tidlig, eller du kan leve til slutten av måneden.»

Neste morgen var jeg i live nok til å tenke på min sjels behov, og (som medlem av den romersk-katolske kirke) til å sende bud etter presten.

Historien om mine synder, som jeg fortalte i skriftemålet, inkluderte en klanderverdig forsømmelse av en plikt, som jeg skyldte mitt lands lover. Etter prestens mening - og jeg var enig med ham - var jeg forpliktet til å vedkjenne meg feilen offentlig, som en botshandling som sømmet seg for en katolsk engelskmann. Vi ble derfor enige om å prøve en arbeidsdeling. Jeg fortalte om omstendighetene, mens hans ærbødighet tok pennen og satte saken i form.

Her følger hva som kom ut av det: - (13)

*Igjen, mine kjære lesere, for å finne ut hva som skjedde, må dere lese boken!*

**Q:** Har du noen råd å gi til forfattere i fremtiden?

**A:** Få dem til å le, få dem til å gråte, få dem til å vente. (14)

Da Collins var ferdig med å snakke, tonet han inn og ut i et sekund, og så forsvant han. De siste ordene hans ga ekko i tankene mine, mens jeg rullet dem om og om igjen på tungen: «Få dem til å le, få dem til å gråte, få dem til å vente.» Ord å leve etter!

*Her er noen av Collins' verker du absolutt bør sette på MÅ-LES-listen din:*

Armadale

Kvinnen i hvitt

Ingen navn

Månesteinen

Basil: En historie om det moderne liv

My Lady's Money

Arven etter Kain

Hide and Seek

Mann og kone

Små romaner

Den døde hemmeligheten

Hjerternes dronning

Gabriels ekteskap

Vandringer bortenfor jernbanen

No Thoroughfare

Stakkars Miss Finch

Det frosne dypet og andre historier

Loven og damen
De falne bladene
Det onde geniet
Den svarte kappen
Det hjemsøkte hotellet
Blind kjærlighet
To uvirksomme lærlingers late tur
**For nå, CHEERIO!**
**Cathy McGough**
**Din intervjuer av legendariske forfattere fra det hinsidige**

# NYTTÅRSAFTEN MED ROBBIE BURNS

VELKOMMEN TIL TAM O'SHANTER Pub. Ta en liten dram mens vi venter på vår ærede gjest: Mr. Robbie Burns!

I mellomtiden skal jeg fortelle dere litt om ham. Robbie Burns ble født den 25. januar (som i dag feires som Robbie Burns-dagen) i en voldsom snøstorm i Ayrshire i Skottland i 1759. Faren var bonde, og Robbie gjorde alt han kunne for å følge i hans fotspor, men hjertet hans var ikke med på det. Hjertet hans ville synge og sveve over det skotske høylandet, som han elsket så høyt.

Dessverre ble Robbie diagnostisert med symptomer på revmatisk hjertesykdom, og dermed var han ikke lenge i denne verden. Han døde i 1796, og etterlot seg et fantastisk repertoar.

For å bli bedre kjent med Robbie Burns, hans hjerte og sinn, må du lese alt han skrev. For jo mer du leser, desto mer vil hans ånd åpenbare seg for deg.

Madame Delatour har nettopp gitt meg beskjed om at hun vil gå inn i et bortgjemt område på baksiden av puben for å kontakte Mr. Burns, så han bør være hos oss om bare noen få øyeblikk.

I mellomtiden har jeg bedt den stadig voksende folkemengden om å roe seg ned, slik at de ikke skremmer herr Burns. Når han har funnet seg til rette i sine nye omgivelser, vil jeg be ham om tillatelse til å la denne gjengen av bråkmakere slutte seg til oss. Jeg håper bare de kan holde tilbake begeistringen lenge nok! Denne puben er tross alt oppkalt etter Robbie Burns, og alle som samles her, samles i hans navn.

La oss begynne med et dikt Robbie skrev i en svært mørk tid da han vurderte å forlate Skottland for alltid:

**THE LAMENT**

Over de tåkehyllede klippene på deres ensomme fjell,

Hvor vinterens ville vinder ustanselig raser,

Hvilke sorger vrir ikke mitt hjerte mens jeg oppmerksomt ser

Stormens dystre sti på bølgens bryst!

Dere skumtoppede bølger, la meg gråte,

Før du kaster meg langt bort fra min elskede hjemlige strand;

Der blomsten som blomstret søtest i Coilas grønne dal,

Min stolthet, min Marys stolthet er borte!
Ikke mer ved bekkens bredder vi vil vandre,
Og smile til månens rynkete ansikt i bølgen;
Ikke mer skal mine armer klamre seg med kjærlighet rundt henne,
For morgenens duggdråper faller kaldt på hennes grav.
Ikke mer skal kjærlighetens myke gys varme mitt bryst;
Jeg haster med stormen til en fjern kyst;
Hvor min aske skal hvile, ukjent, uten sorg,
Og gleden skal aldri mer vende tilbake til mitt bryst.
(1)

Madame Delatour gjorde meg oppmerksom på at gjesten vår hadde ankommet.

Jeg hentet en flaske Glenfiddich Malt Scotch Whisky, flere glass, nøtter og saltkringler og gikk inn på bakrommet. Pubens eier tilbød seg å få sin ganske så fyldige barpike til å bringe den inn på et brett, men jeg hadde ærlig talt verken lyst på eller behov for å konkurrere om Mr. Burns' oppmerksomhet.

Rommet summet av forventning til bardens ankomst. Jeg forsøkte å fange oppmerksomheten deres uten hell. Til slutt måtte jeg ty til et fullstendig angrep på ørene deres med en høylytt utblåsning fra kapteinens fløyte, som jeg hadde rundt halsen.

Gudskjelov tok det slutt med en gang - så jeg fikk anledning til å be dem om å dempe seg. Vi ville tross alt ikke skremme bort Mr. Burns.

Navnet hans utløste nok et voldsomt brøl, som jeg stilnet ved å tilby meg å spandere neste runde med drinker, før jeg skyndte meg ut derfra. Jeg kikket meg over skulderen og så på kaoset jeg hadde skapt, og håpet at bartenderen ville tilgi meg.

Da jeg kikket gjennom koøyet som vendte inn mot bakrommet og så Robbie Burns stå der, gispet jeg.

Han var dødssøt og hadde et ødeleggende smilehull på haken (som minnet meg om Cary Grants.) Han var nesten to meter høy, hadde kullsvart hår, og selv på avstand kunne jeg se at han hadde mystiske, mørke øyne. Øynene hans ville jeg lett klassifisere som soveromsøyne - og jeg skjønte med en gang hvorfor han hadde et slikt rykte hos damene.

Madame Delatour satt og så opp på ham med flagrende øyelokk da jeg kom inn i rommet og presenterte meg. Jeg ble helt svak i knærne da han tok det tunge brettet fra meg og satte det på bordet. Så skjenket han et glass whisky til hver av oss og smilte mens blikket hans vandret rundt i rommet.

Ivrig etter å komme i gang med intervjuet sendte jeg madame Delatour et blikk - fra henne til døren, og så tilbake til henne igjen - men det så ikke ut til at hun skjønte hintet.

Siden tiden tikket av gårde, hadde jeg ikke noe valg - og sparket henne forsiktig under bordet. Det så ut til å gjøre susen.

Madame Delatour gikk ut, under dekke av å tilby oss litt privatliv - og himlet med øynene da hun dunket inn i svingdørene.

Selv om hun unnskyldte seg med at hun ville overlate oss til intervjuet, var jeg sikker på at hun var på vei til damene for å gi ansiktet et raskt skvett kaldt vann. Mr. Burns hadde gjort et stort inntrykk på madame Delatour.

I løpet av noen sekunder ble jeg mindre star struck, og ønsket herr Burns velkommen til Tam o'Shanter Pub i Sydney, Australia.

I tilfelle Blanchetta ikke hadde informert ham, forklarte jeg at vi var i ferd med å ringe inn året 2003. Så begynte intervjuet vårt.

**Q:** Hvem inspirerte deg som barn?

**A:** I mine barne- og guttedager skylder jeg mye til en gammel dame ved navn Betty Davidson, som ble tatt inn i familien vår. Betty var bemerkelsesverdig på grunn av sin uvitenhet, godtroenhet og overtro. Hun hadde, antar jeg, den største samlingen i landet av fortellinger og sanger om djevler, spøkelser, feer, brownies, hekser, trollmenn, spunkies, kelpies, alvelys, døde lys, gjenferd, skikkelser, cantraips, kjemper, fortryllede tårn, drager og annet trumperi. Dette dyrket de latente frøene til poesi, men hadde en så sterk effekt på fantasien min at jeg den dag i dag, på mine nattlige vandringer, noen ganger holder en skarp utkikk på mistenkelige steder; og selv om ingen kan være mer skeptisk enn meg i slike saker, må det ofte en innsats av filosofi til for å riste av meg disse tomme redslene. (2)

**Spørsmål:** Ble dine talenter for å skrive anerkjent da?

**A:** Da jeg var barn, var jeg kjent for å ha en god hukommelse, et sta og robust sinnelag og en entusiastisk idiotfromhet. Jeg sier idiotfromhet, for jeg var jo bare et barn den gangen. Selv om det kostet skolelæreren noen juling, var jeg en utmerket engelsklærer, og da jeg var ti eller elleve år gammel, var jeg kritiker i substantiv, verb og partikler. (3)

**Spørsmål:** Hvilke bøker, om noen, fanget fantasien din som gutt?

**A:** De to første bøkene jeg leste privat, og som ga meg mer glede enn noen annen bok jeg har lest siden, var «The Life of Hannibal» og «The History of Sir William Wallace».

Hannibal ga mine unge ideer en slik vending at jeg pleide å spankulere i henrykkelse opp og ned etter rekrutt-trommen og sekkepipen, og ønske at jeg var høy nok til å bli soldat; mens historien om Wallace skjenket en skotsk fordom i mine årer som alltid vil være i mitt hjerte og i mitt sinn. (4)

**Spørsmål:** Hvorfor begynte du først å skrive poesi?

**A:** For å underholde meg selv med de små kreasjonene av min egen fantasi, midt i slitet og trettheten av et arbeidskrevende liv; for å transkribere de forskjellige følelsene - kjærlighetene, sorgene, håpene, frykten - i mitt eget bryst; for å finne en slags motvekt til kampene i en verden, alltid en fremmed scene, en oppgave som er uhøflig for det poetiske sinnet - dette var mine motiver for å kurtisere musene, og i disse fant jeg at poesien var sin egen belønning. (5)

**Spørsmål:** Du vurderte aldri å publisere?

**A:** Ingen av mine verker ble komponert med tanke på pressen. Selv om jeg har rimet fra mine tidligste år, i det minste fra den tidligste impuls av de mykere lidenskaper, var det ikke før veldig sent at applausen, kanskje vennskapets partiskhet, vekket min forfengelighet så langt at jeg syntes noe av verkene mine var verdt å vise. (6)

**Q:** Da du så verkene dine på trykk, visste du vel at du var en talentfull poet?

**A:** Jeg sto frem i offentligheten med frykt og beven. Jeg, en obskur, navnløs barde, krympet meg av skrekk ved tanken på å bli stemplet som - en uforskammet treskalle, som påtrenger verden mitt nonsens; og fordi jeg kunne få til å klimpre sammen noen skotske rim, så jeg på meg selv som en poet, uten noen som helst betydning, for pokker! (7)

**Q:** Hvordan kom du til å skrive din første sang?

**A:** Mitt lands poetiske geni fant meg ved plogen og kastet sin inspirerende kappe over meg. Hun ba meg synge om kjærligheten, gledene, de landlige scenene og de landlige gledene i mitt hjemland, på mitt morsmål; jeg vendte mine ville, kunstløse toner som hun inspirerte. Hun hvisket til meg at jeg skulle komme til denne gamle metropolen i Caledonien og legge mine sanger under hennes ærefulle beskyttelse: Jeg adlød hennes diktat. Som bønder hadde vi en skikk på landet som gikk ut på å koble en mann og en kvinne sammen som partnere i innhøstingsarbeidet. På min femtende høst var min partner en fortryllende skapning, et år yngre enn meg selv.

Mine manglende engelskkunnskaper gjør at jeg ikke kan yte henne rettferdighet på det språket, men dere kjenner det skotske idiomet - hun var en bonnie, sweet, sonsie lass. Kort sagt, hun innviet meg, helt uvitende for seg selv, i den deilige lidenskapen, som jeg, til tross for sure skuffelser, ginhest-forsiktighet og bokormfilosofi, holder for å være den første av menneskelige gleder, vår kjæreste velsignelse! Blant hennes andre kjærlighetsinspirerende kvaliteter sang hun søtt; og det var hennes favorittrulle som jeg forsøkte å gi et legemliggjort kjøretøy i rim.

Da jenta mi sang en sang som ble sagt å være komponert av en liten herresønn på landet, så jeg ingen grunn til at jeg ikke skulle rime like godt som han. (8)

*Madame Delatour var tilbake - og spionerte på oss gjennom koøyet. Heldigvis kunne ikke herr Burns se at hun var en frekk liten ape. Hun prøvde å blåse kyss i hans retning - men hun klarte ikke å få ham til å snu seg. Forvirret og forvirret ga hun opp!*

**Spørsmål:** Hun het Mary Campbell: Din første kjærlighet. Fortell meg om henne.

**A:** Mary samtykket til å bli min kone. Vi skulle skilles, og vi møttes i hemmelighet den andre søndagen i mai, på et ensomt sted ved bredden av Ayr. Vi sto på hver vår side av en liten, sildrende bekk. Vi dyppet hendene i den klare bekken, og mens vi holdt en bibel mellom oss, avga vi våre løfter til hverandre. Deretter utvekslet vi bibler. I den jeg ga til Maria, hadde jeg skrevet: «Og dere skal ikke sverge falskt ved mitt navn. Jeg er Herren. Du skal ikke sverge på deg selv, men du skal holde dine eder overfor Herren.» (9)

**Spørsmål:** Robbie, det vil glede deg å høre at Bibelen er blitt bevart og plassert i Marias monument. (10)

*Robbie tok frem lommetørkleet og tørket tårene fra øynene mens han begynte å resitere:*

**TIL MARIA I HIMMELEN**
Du dvelende stjerne, med avtagende stråle,
Som elsker å hilse den tidlige morgenen,
Igjen du sher'st i dagen
Min Maria fra min sjel ble revet (11).

*Jeg skjenket Robbie en drink til, som han kastet tilbake og skjøv glasset sitt mot meg for å få et nytt. Jeg forundret meg over hvordan kjærlighet kan eksistere i tid og rom, og holdt tilbake en sterk trang til å ta ham i armene og trøste ham. I stedet holdt jeg fokus og gikk videre til neste spørsmål.*

**Spørsmål:** Hvilke råd vil du gi til forfattere i 2003 og fremover?

**A:** Det beste rådet jeg kan gi deg, er å kjenne deg selv. Gjør deg selv til et konstant studieobjekt. Vei deg selv underveis, balansér deg selv med andre. Følg med på alle informasjonsmidler, for å se hvor mye plass du har som person og som poet. Studer flittig naturens design og formasjon - for å se hvor lysene og nyansene i din karakter er ment. (12)

*Med ett begynte sekkepipene å lyde. Bare noen minutter igjen til midnatt!*

**Spørsmål:** Har du noe imot å synge noen sanger for å hjelpe oss inn i det nye året? Det står et publikum utenfor og venter på deg. Kan jeg be dem slutte seg til oss?

**A:** Jo flere, jo bedre, pleier jeg å si.

*Robbie begynte å synge mens fløytespillerne kom inn i rommet og gjorde ham selskap:*

**A RED, RED, ROSE**

Å, min kjærlighet er som en rød, rød rose,

som nylig er sprunget ut i juni:

O, min kjærlighet er som en melodi

Som er nydelig spilt i melodi.

Så vakker er du, min skjønne jente,

Så dypt forelsket er jeg;

Og jeg vil elske deg fremdeles, min kjære,

Til havet er tørt.

Til havet er tørt, min kjære,

Og klippene smelter med solen:

Jeg vil elske deg fremdeles, min kjære,

Så lenge livets sand renner.

Og far deg vel, min eneste kjærlighet!

Og far deg vel en stund!

Og jeg vil komme igjen, min elskede,

Om det så var ti tusen mil. (13)

*Vi gikk over i en stormende applaus, mens Robbie forberedte seg på et ekstranummer. Han kunne ikke komme seg ut derfra uten å gjøre mer enn én melodi!*

**MY HEART'S IN THE HIGHLANDS**

Mitt hjerte er i høylandet, mitt hjerte er ikke her;

Mitt hjerte er i høylandet, på jakt etter hjorten;

Jager hjorten og følger rådyret

Mitt hjerte er i høylandet, hvor enn jeg går.

Farvel til høylandet, farvel til Norden!

Tapperhetens fødested, tapperhetens land;

Hvor jeg enn vandrer, hvor jeg enn vandrer,

Høylandets åser for alltid jeg elsker.

Farvel til de høye snødekte fjellene!

Farvel til straths og grønne daler nedenfor!

Farvel til skogene og de viltvoksende skoger!

Farvel til bekker og flommer!

Mitt hjerte er i høylandet, mitt hjerte er ikke her,

Mitt hjerte er i høylandet og jager hjorten;

Jager hjorten og følger rådyret.

Mitt hjerte er i høylandet hvor enn jeg går. (14)

Korkene sprang, og champagnen fløt og ble skjenket i glass over hele lokalet. Da Robbie var ferdig med å synge og tok glasset sitt i hånden, begynte nedtellingen:

»10,9,8,7,6,5,4,3,2,1 - GODT NYTT ÅR!«

Vi sto alle sammen skulder ved skulder med armene rundt hverandre og begynte å synge:

**AULD LANG SYNE**
Skal gammelt bekjentskap glemmes,
Og aldri bringes i hu?
Skulle et gammelt bekjentskap bli glemt,
Og auld lang syne?
Cho - For auld lang syne, min kjære,
For auld lang syne,
Vi tar en kopp godhet ennå
For auld lang syne!
Og du skal være din pint-stowp,
Og jeg skal være min,
Og vi skal ta en kopp godhet ennå
For auld lang syne!
Cho - For auld lang syne, min kjære,
For auld lang syne,
Vi tar en kopp godhet ennå
For auld lang syne!
Vi to har løpt rundt i fjellene
Og vi har vært på gowans,
Men vi har vandret en trøtt vandring
Sin' auld lang syne.
Cho - For auld lang syne, min kjære,
For auld lang syne,
Vi tar en kopp godhet
For auld lang syne!
Vi to har betalt i brenningen
Fra morgensol til middag,

Men havet mellom oss har bruset
Sin' auld lang syne.
Cho - For auld lang syne, min kjære,
For auld lang syne,
Vi tar en kopp godhet ennå
For auld lang syne! (15)

Robbie begynte å falme, selv om han fortsatt fulgte med på serenaden vår. Han kom tilbake, og bleknet litt mer.

Vi fortsatte å synge - for det var den største komplimenten vi kunne gi ham. Å elske hans verk, å føle og forstå de følelsene han følte da han skrev «Auld Lang Syne». Det var en tradisjon for oss, og det ville det alltid være. Robbie Burns hadde skapt en plass i hjertene våre for alltid.

*Jeg håper dere vil vite mer om Robbie Burns. Jeg applauderer følgende:*

Om et yndlingsbarns død

Kvinnens rettigheter

Tam o'Shanter

Til en fjellmarikåpe

Poetens velkomsthilsen til sin elskede Auld Lang Syne

Den unge høylandsvandreren

Lament

En bardens gravskrift

En vinternatt

Epigram adressert til en kunstner

Hennes svar

Vinteren: En sang
Jeg elsker min kjærlighet i det skjulte
Linje om forfatterens død
Yon Wild Mossy Mountains
På havet og langt borte
En visjon
Livets vinter
En spillemann i nord
En dedikasjon
Anna, din sjarm
Castle Gordon
Gå, søte fugl, og lindr min bekymring
Hvor lang og trøstesløs er natten
Linjer om forfatterens død
Mennesket er skapt til å sørge: En sørgesang
Naturens lov - et dikt
**Beannachd leat!**
**Cathy McGough**
**Din intervjuer av legendariske forfattere fra det hinsidige**

# TWAIN FORKLARER HVA SOM LIGGER I ET NAVN

GOD DAG, ALLE SAMMEN! Før vår ærede gjest ankommer, vil jeg bare ta et øyeblikk til å avsløre noe for dere.

Før jeg begynte å forberede meg til dette intervjuet, visste jeg ingenting om Mark Twain. Jeg trodde jeg visste noe om ham - etter å ha lest «Prinsen og den fattige», 'Tom Sawyers eventyr', 'Huckleberry Finn' og 'Pudd'n'head Wilson'. Jeg trodde jeg forsto mannen bak disse bøkene, men jeg tok feil.

Jeg skal ikke gå i detaljer om Mark Twains personlige liv her, men før han kommer, må jeg fortelle deg at hvis du ikke leser om mannen, kan du umulig forstå forfatterskapet hans. Riktignok kan du få en slags overfladisk forståelse, men du vil ikke være i stand til å se at han var mer enn bare Amerikas største gjøgler. Han var også en av USAs mest dyptpløyende filosofer.

Samuel Langhorne Clemens ble født 30. november 1835 i Florida, Missouri. Før han var tretti år gammel, opplevde han mange alvorlige urettferdigheter som en ung gutt aldri burde være vitne til. Tragedien omringet Twain både i hans eget liv og gjennom de grusomhetene han så i verden rundt seg. Da var han så kvalm av livet at han satte en ladd pistol mot hodet, men fant ut at han manglet mot til å trykke på avtrekkeren. (1)

Mens jeg tenkte på hva verden ville ha gått glipp av hvis Mr. Twain hadde tatt sitt eget liv -

så jeg opp og så ham komme gående mot meg. Han var kledd i en hvit buksedress, med en hvit, bredskygget chapeau og brune sko. I høyre hånd holdt han en pipe som ikke var tent, og øynene hans fengslet meg med sin mildhet. Jeg strakte ut hånden og ønsket ham velkommen til Sydney i Australia for andre gang. (Hans første besøk var den 15. september 1885.) (2)

Han løftet på hatten og lente seg ut på balkongen for å nyte utsikten. Han lyttet etter sin gamle venn skjæra, og så satte han seg ned ved siden av meg. Jeg bød ham på en stor, forfriskende Mint Julep. Han nippet til den og smakte tydeligvis på innholdet.

**Q:** Er det et sted i Australia som har fanget fantasien din?

**A:** Uten å nøle, The Blue Mountains. Det er et presist navn. «My word!», som australierne sier, men det var en fantastisk farge, den blå. Dyp, sterk, rik, utsøkt; ruvende og majestetiske masser av blått - et svakt lysende blått, et ulmende blått, som om det vagt var opplyst av en indre ild. Det sluknet himmelens blåfarge - gjorde den blek og usunn, hvit og utvasket. En vidunderlig farge - bare guddommelig.

En beboer fortalte meg at det ikke var fjell, men kaninhauger. Og forklarte at det var den lange eksponeringen og kaninenes overmodne tilstand som gjorde at de så så blå ut.

Denne mannen kan ha hatt rett, men mye lesing av reisebøker har gjort meg mistroisk til gratis informasjon gitt av uoffisielle innbyggere i et land. De fakta som slike mennesker gir til reisende, er vanligvis feilaktige, og ofte på en uhøflig måte. Kaninpesten har virkelig vært veldig ille i Australia, og den kan forklare ett fjell, men ikke en fjellkjede, forekommer det meg. Det er for stor en ordre. (3)

**Q:** Er det noe annet du vil nevne?

**A:** Ja, nettopp! Melbourne Cup - den australasiatiske nasjonaldagen. Det er vanskelig å overvurdere dens betydning. Den overskygger alle andre helligdager og merkedager av noe slag i koloniene. Overskygger dem? Jeg vil nesten si at den overskygger dem.

Hver av dem får oppmerksomhet, men ikke alles; hver av dem vekker interesse, men ikke alles; hver av dem vekker entusiasme, men ikke alles; i hvert tilfelle er en del av oppmerksomheten, interessen og entusiasmen et spørsmål om vane og skikk, og en annen del av den er offisiell og overfladisk. Cupdagen, og bare Cupdagen, vekker en oppmerksomhet, en interesse og en entusiasme som er universell - og spontan, ikke overfladisk.

Cupdagen er suveren, den har ingen rival. Jeg kan ikke komme på noen spesiell årlig dag, i noe land, som kan kalles med det store navnet - Supreme. Jeg kan ikke komme på noen spesiell årlig dag, i noe land, som når den nærmer seg, setter hele landet i brann av samtaler og forberedelser og forventning og jubel. Ingen annen dag enn denne; men denne gjør det. (4)

**Q:** Hvordan valgte du navnet ditt?

**A:** Jeg ville ha noe kort, skarpt, bestemt, uforglemmelig. Jeg prøvde mange kombinasjoner, men ingen virket overbevisende. Så - i 1863 - fikk jeg nyheten om at en gammel pilot jeg en gang hadde kjent, Isaiah Sellers, var død. Straks kom jeg på pseudonymet kaptein Sellers. Det var det; det var et slikt navn jeg ville ha. Det var ikke trivielt; det hadde alle de rette egenskapene - Sellers ville aldri få bruk for det igjen. Med den tankegangen kom navnet Mark Twain til meg. Det var et gammelt elveuttrykk, et blymannskall, som betydde to favner - tolv fot. Det hadde en rikdom over seg; det var alltid en behagelig lyd for en los å høre en mørk natt; det betydde trygt vann. (5)

**Q:** Du har reist verden rundt, hvilket sted eller hvilken ting har gjort størst inntrykk på deg?

**A:** Adams grav! Hvor rørende det var, i de fremmedes land, langt borte fra hjem og venner og alle som brydde seg om meg, å oppdage graven til en slektning. Riktignok en fjern slektning, men likevel en slektning. Naturens ufeilbarlige instinkt fikk meg til å gjenkjenne det. Kilden til min barnlige hengivenhet ble rørt til sitt dypeste dyp, og jeg ga etter for voldsomme følelser. Jeg lente meg mot en søyle og brast i gråt. Jeg anser det ikke som noen skam å ha grått over min stakkars døde slektnings grav. La den som vil spotte mine følelser, selv besøke Det hellige land og se hvordan hans følelser blir påvirket. (6)

**Spørsmål:** Tom lærte en verdifull lekse den lørdagen da tante Polly tvang ham til å kalke gjerdet hennes. Kan du lese den passasjen for oss?

**A:** Å ja, Tom, alltid en initiativrik gutt:

**TOM SAWYERS EVENTYR**

Tom sa til seg selv at verden ikke var så hul likevel. Han hadde oppdaget en stor lov for menneskelig handling, uten å vite det, nemlig at for å få en mann eller en gutt til å begjære en ting, er det bare nødvendig å gjøre tingen vanskelig å oppnå. Hvis han hadde vært en stor og klok filosof, som forfatteren av denne boken, ville han nå ha forstått at arbeid består av alt det en kropp er forpliktet til å gjøre, og at lek består av alt det en kropp ikke er forpliktet til å gjøre. Og dette ville hjulpet ham til å forstå hvorfor det å konstruere kunstige blomster eller å opptre på en tredemølle er arbeid, mens det å trille kjegler eller bestige Mont Blanc bare er underholdning. Det finnes velstående herrer i England som kjører firehesters passasjerbusser tre til fire mil hver dag om sommeren, fordi dette privilegiet koster dem mye penger; men hvis de ble tilbudt lønn for denne tjenesten, som da ville bli til arbeid, ville de si opp. (7)

**Spørsmål:** Sønnen min skal snart begynne sitt første skoleår. Har du noen råd til ham?

**Svar: Si** til ham at når en mobber vil slåss med ham, skal han ta av seg jakken, sakte og bevisst, og se ham rett inn i øynene. Deretter tar han av seg vesten, fortsatt sakte og bevisst. Så bretter han opp ermene og fortsetter å se ham rett inn i øynene. Og hvis motstanderen ikke har stukket av da, er det best at han stikker av selv. (8)

**Spørsmål:** For en skatt du har skapt i Pudd'n'head Wilson, så full av humor og visdom. Har du et favorittsitat fra den boken?

**A:** Det finnes ingen karakter, uansett hvor god og fin den er, som ikke kan ødelegges av latterliggjøring, uansett hvor dårlig og vettløs den er. Se på eselet, for eksempel: Det har en tilnærmet perfekt karakter, det er den fineste ånden blant alle de mer ydmyke dyrene, men se hva latterliggjøringen har ført det til. I stedet for å føle oss komplimentert når vi blir kalt et esel, blir vi i tvil. (9)

**Spørsmål:** Jeg oppdaget et hardtslående antikrigsdikt i samlingen din. Kan du forklare hvordan du kom til å skrive det?

**A:** Menneskehetens historie er ikke stort mer enn et sammendrag av menneskelig blodsutgytelse. Først kom en lang rekke ukjente kriger, mord og massakrer ... Så kom de assyriske krigene ... Så hadde vi egyptiske kriger, greske kriger, romerske kriger, grusomme oversvømmelser av jorden med blod ... Og alltid hadde vi kriger, flere kriger - over hele Europa, over hele verden. Noen ganger i kongefamiliers private interesse, noen ganger for å knuse en svak nasjon; men aldri en krig startet av en angriper med et rent formål - det finnes ingen slik krig i rasens historie. (10)

**Spørsmål:** Kan du lese det for oss?

**Svar:** Jeg kan den utenat:

**KRIGSBØNNEN**

Herre, vår Gud, hjelp oss å rive deres soldater i blodige strimler med våre granater; hjelp oss å dekke deres smilende marker med de bleke skikkelsene til deres patriotiske døde; hjelp oss å drukne tordenen fra kanonene med skrikene fra deres sårede, som vrir seg i smerte; hjelp oss å legge deres ydmyke hjem øde med en orkan av ild; hjelp oss å vri hjertene til deres uforskyldte enker med uutholdelig sorg; Hjelp oss å sende dem ut uten tak med sine små barn for å vandre uten venner gjennom ødemarken i deres øde land i filler og sult og tørst, en sport for sommerens solflammer og vinterens iskalde vinder, knust i ånden, utslitt av slit, bønnfaller Deg om tilflukt i graven og nektes den - for vår skyld som tilber Deg, Herre, ødelegg deres håp, ødelegg deres liv, beskytt deres bitre pilegrimsferd, gjør deres skritt tunge, vanne deres vei med tårer, besudle den hvite snø med blodet fra deres sårede føtter! Bønnhør vår bønn, Herre, og din skal være lovprisningen og æren nå og i all evighet, Amen. (11)

**Spørsmål:** Hva er den raskeste måten å fange en forfatters hjerte på?

**Svar:** Det finnes tre ufeilbarlige måter å glede en forfatter på, og de tre danner en stigende skala av komplimenter: 1. å fortelle ham at du har lest en av bøkene hans; 2. å fortelle ham at du har lest alle bøkene hans; 3. å be ham om å få lese manuskriptet til den kommende boken hans. Nr. 1 gir deg hans respekt; nr. 2 gir deg hans beundring; nr. 3 fører deg helt inn i hans hjerte. (12)

**Spørsmål:** Mener du at Horats hadde rett da han sa: «Ingen forfatter kan få andre til å gråte som ikke selv har grått»? (13)

**Svar:** Ord kan ikke forstå noe, ikke gi liv til noe som helst, med mindre du selv har opplevd det ordene forsøker å beskrive. (14)

**Spørsmål:** Har du noen råd du vil gi til forfattere fra 2003 og fremover?

**A:** Bruk et enkelt språk, korte ord og korte setninger. Det er slik man skriver engelsk - det er den moderne måten og den beste måten. Hold deg til det; ikke la fluff og blomster og ordkløveri snike seg inn. Når du får tak i et adjektiv, drep det. Nei, jeg mener ikke helt, men drep de fleste av dem - da blir resten verdifulle. De svekkes når de står tett sammen. De gir styrke når de står langt fra hverandre. En adjektivisk vane, eller en ordrik, diffus, blomstrende vane, er like vanskelig å bli kvitt når den først har festet seg hos en person som enhver annen last. (15)

**Q:** Jeg tror du har en fabel for å demonstrere poenget ditt?

**Svar:** Ja, det har jeg sannelig!

**EN FABEL**

Det var en gang en kunstner som hadde malt et lite og meget vakkert bilde, og som plasserte det slik at han kunne se det i speilet. Han sa: «Dette fordobler avstanden og gjør det mykere, og det er dobbelt så vakkert som det var før.»

Dyrene ute i skogen fikk høre om dette gjennom huskatten, som de beundret veldig, fordi han var så lærd, så fin og sivilisert, så høflig og dannet, og kunne fortelle dem så mye som de ikke visste før, og som de ikke var sikre på etterpå. De var svært begeistret for denne nye sladderen, og de stilte spørsmål for å få en full forståelse av den. De spurte hva et bilde var, og katten forklarte det.

«Det er en flat ting,» sa han, »vidunderlig flat, vidunderlig flat, fortryllende flat og elegant. Og åh, så vakkert!»

Det gjorde dem nesten helt begeistret, og de sa at de ville gitt alt for å få se den.

Da spurte bjørnen: «Hva er det som gjør den så vakker?»

«Det er utseendet,» sa katten.

Dette fylte dem med beundring og usikkerhet, og de ble mer begeistret enn noensinne.

Så spurte kua: «Hva er et speil?»

«Det er et hull i veggen,» sa katten. «Du ser inn i det, og der ser du bildet, og det er så fint og sjarmerende og eterisk og inspirerende i sin ufattelige skjønnhet at hodet ditt snurrer rundt og rundt, og du nesten besvimer av ekstase.»

Eselet hadde ennå ikke sagt noe, men nå begynte han å komme i tvil. Han sa at det aldri hadde vært noe så vakkert som dette før, og at det sannsynligvis ikke var det nå heller. Han sa at når det måtte en hel kurv full av sesquipedalske adjektiver til for å slå opp en skjønnhet, var det på tide med mistenksomhet.

Det var lett å se at denne tvilen hadde en effekt på dyrene, så katten ble fornærmet. Temaet ble droppet i et par dager, men i mellomtiden hadde nysgjerrigheten fått en ny start, og interessen ble vekket til live igjen. Så angrep dyrene eselet for å ha ødelagt det som muligens kunne ha vært en glede for dem, ut fra en ren mistanke om at bildet ikke var vakkert, uten at det fantes noe bevis for at det var slik. Eselet lot seg ikke affisere; han var rolig og sa at det bare var én måte å finne ut hvem som hadde rett, han selv eller katten: Han skulle gå og se i hullet og komme tilbake og fortelle hva han fant der. Dyrene følte seg lettet og takknemlige, og ba ham om å gå med en gang - noe han også gjorde.

Men han visste ikke hvor han skulle stille seg, og ved en feiltagelse stilte han seg mellom bildet og speilet. Resultatet var at bildet ikke hadde noen sjanse og ikke dukket opp.

Han kom hjem og sa: «Katten løy. Det var ikke noe annet enn en rumpe i det hullet. Det var ikke et tegn til en flat ting synlig. Det var en kjekk rumpe, og den var vennlig, men det var bare en rumpe og ikke noe mer.»

Elefanten spurte: «Så du den godt og tydelig? Var du nær den?»

«Jeg så det klart og tydelig, o Hathi, dyrenes konge. Jeg var så nær at jeg rørte ved dens nese.»

«Dette er meget merkelig,» sa elefanten, »katten var alltid sannferdig før - så vidt vi kunne se. La et annet vitne prøve. Gå, Baloo, se etter i hullet og kom tilbake og avlegg rapport.»

Så bjørnen gikk. Da han kom tilbake, sa han: «Både katten og eselet har løyet; det var bare en bjørn i hullet.»

Stor var overraskelsen og forundringen blant dyrene. Alle var nå ivrige etter å gjøre prøven selv og få vite sannheten. Elefanten sendte dem én etter én.

Først kua. Hun fant ingenting annet i hullet enn en ku.

Tigeren fant ingenting annet enn en tiger.

Løven fant bare en løve.

Leoparden fant bare en leopard.

Kamelen fant bare en kamel, og ikke noe mer.

Da ble Hathi vred og sa at han ville ha sannheten, om han så måtte gå og hente den selv. Da han kom tilbake, skjelte han ut hele sin undersått for løgnere, og var i et uutholdelig raseri over kattens moralske og mentale blindhet. Han sa at hvem som helst, bortsett fra en nærsynt idiot, kunne se at det ikke var noe annet enn en elefant i hullet.

MORALSK, AV KATTEN

Du kan finne hva du vil i en tekst hvis du stiller deg mellom den og ditt eget speil. Du ser kanskje ikke ørene dine, men de vil være der. (16)

Da han var ferdig, begynte herr Twain å forlate meg. Jeg ville fortelle ham om stjernen hans på «Writer's Walk» ved Circular Quay. Jeg fortalte ham det kort, mens han tonet inn og ut. Jeg ville si mer - dessverre forsvant han. *De følgende verkene får mine varmeste anbefalinger:*

Etter ekvator

Tom Sawyers eventyr

Livet på Mississippi

De uskyldige i utlandet
Prinsen og den fattige
Pudd'n'head Wilson
Adams dagbok
Den mystiske fremmede
En yankee fra Connecticut ved kongens hoff
Er Shakespeare død?
Et monument over Adam
Et humant ord fra Satan
Hvordan fortelle en historie
Min første løgn og hvordan jeg kom meg ut av den
Mannen som ødela Hadleyburg
Var det himmelen? Eller helvete?
Vi ses!

**Cathy McGough**

**Din intervjuer av legendariske forfattere fra det hinsidige**

# COLERIDGE OG PASJONSFRUKT

H EI, ALLE SAMMEN! I dag skal vi møte Samuel Taylor Coleridge, som ble født 21. oktober 1772. Samuel var yngste sønn av rektoren i Ottery, St. Mary's i Devonshire i England.

Coleridge er en sjelden forfatter, fordi han besatt den bemerkelsesverdige kombinasjonen av filosofen, kritikeren og poeten i én og samme person. Som filosof og kritiker var Coleridge i stand til å se resultater av sitt arbeid umiddelbart. Som poet måtte Coleridge imidlertid vente på at musa skulle gi ham inspirasjon.

Som poet er Coleridge blitt omtalt som «skjønnhetens apostel» (1), noe som er en ganske skremmende tittel å leve opp til.

Coleridge oppnådde denne statusen ved å skrive strofer som i gamle populære ballader som «The Rime of the Ancient Mariner». Den ble fortalt i syv deler, og mange anser den i dag som hans største mesterverk.

Mens vi venter på hans ankomst, skal jeg lese del III av diktet for dere:

DEN GAMLE SJØMANNENS RIME

Er det hennes ribbein som solen
Som solen kikket gjennom en rist?
Og er den kvinnen hele hennes mannskap?
Er det en Død? Og er det to?
Er Døden den kvinnens makker?
Hennes lepper var røde, hennes blikk var fritt,
Hennes lokker var gule som gull:
Hennes hud var hvit som spedalskhet,
Hun var nattmarerittet i Døden,
Hun som fortykket menneskets blod med kulde.
Den nakne skroget ved siden av kom,
Og de to kastet terninger;
«Spillet er ferdig! Jeg har vunnet! Jeg har vunnet!
sa hun og fløytet tre ganger. (2)

Jeg så opp fra min blå innbundne bok med skatter, og så Samuel Taylor Coleridge komme gående gjennom stuen min, der han gjorde meg selskap på terrassen vår.

Han var ikke høy, men kraftig og hadde veldig mørkt hår. Jeg husket at jeg hadde lest at Coleridge en gang hadde beskrevet seg selv som et «stort dovendyr». (3)

Da han gikk gjennom rommet, følte jeg at han hadde gjort seg selv en stor urett. Coleridge var ikke kledd med stil, men han hadde en elskelig mildhet over seg - som en teddybjørn.

Vi hilste på hverandre, og jeg tilbød ham en plass. Han ga uttrykk for at han foretrakk å spasere rundt i hagen.

Jeg oppmuntret ham og pekte på de modne pasjonsfruktene, som satt tungt på vinrankene.

Han virket fascinert av dem, tok en av dem i hendene og klemte den som om den var dyrebar. Han luktet på den og snudde og vendte på den.

Jeg spurte om han ville smake på den, og skyndte meg ut på kjøkkenet etter en kniv og et skjærebrett.

Han la frukten på brettet og virket først ganske interessert, men da jeg delte den i to, mistet han lysten. Han så på de store, svarte frøene i det gulaktige fruktkjøttet og vendte seg bort i avsky.

Da han var ferdig med det, gikk han rundt i hagen med hendene samlet bak ryggen en kort stund, før han brått snudde seg i min retning og ventet på mitt første spørsmål.

Q: Herr Coleridge, hvordan var De som barn?

A: Som barn lekte jeg alltid alene. Jeg spilte opp bøker og lot som om jeg var en helt som kong Arthur eller Hamlet eller Robinson Crusoe. (4)

Spørsmål: Livet ditt ble ensomere og vanskeligere da faren din døde, og du ble sendt hjem til onkelen din. Vil du dele noen minner fra den perioden?

A: Onkelen min sendte meg til Christ's Hospital, en berømt veldedighetsskole for blåfrakk-stipendiater. Hver morgen fikk jeg litt tørt brød og noe illeluktende øl. Hver kveld et stort stykke brød og ost eller smør.... Bortsett fra på onsdager var jeg aldri mett. Appetitten var dempet, vi ble aldri mette; vi hadde ingen grønnsaker.

De vanskeligste dagene var feriedagene. Familie og venner kom på besøk. De som ble igjen, de som var uten familie eller venner, holdt ut en dag da portene var stengt fra morgen til kveld. En sjelden gang rømte jeg inn til London på egen hånd og gjemte meg på markedene i påvente av at tiden skulle gå. (5)

Spørsmål: Hvem var «Silas Titus Comberbach»?

A: Silas Titus Comberbach var et navn jeg fant på i løpet av mitt andre år i Cambridge. Jeg bestemte meg for å verve meg til et dragonregiment. Det var ikke noe for meg. Jeg var en svært tafatt rytter og klarte ikke å holde meg i salen. Jeg klarte ikke engang å rengjøre hesten ordentlig, og jeg mistet det meste av utstyret mitt. Til og med karabinen min rustet. Men det så ikke ut til å bry mine kamerater, for jeg fortalte dem historier og dikt. En dag skrubbet jeg hesten min i stallen og fant et stykke kritt. Jeg skrev en latinsk inskripsjon på veggen. En offiser så hva jeg hadde skrevet og utnevnte meg til ordonnans. Min plikt var å gå bak offiseren min i gatene. Dessverre var det noen fra Cambridge som gjenkjente meg og rapporterte meg. Det var slutten for Silas Titus Comberbach. (6)

Spørsmål: Da «The Rime of the Ancient Mariner» ble utgitt, skremte innholdet og stilen mange lesere fra vettet. En kritiker skrev at den kom fra «intet normalt sinn». Kan du forklare hva som ble skrevet i «The Morning Post»?

*Coleridge lo, satte seg ned ved siden av meg og la hånden på haken, og så sa han:*

A: En av kritikerne i «The Morning Post» skrev: «Her er et mareritt som bare en mann i et besvimelsesanfall kjenner til, når blodet blir kaldt og svetten smelter lydløst fra hans lemmer.»

Det var tydelig for meg at mange lesere ikke kunne forstå det, og en av dem sendte en anonym strofe til avisen, der det sto

«Ditt dikt må for evig være,

Kjære herre! Det kan ikke mislykkes,

For det er uforståelig,

Og uten hode eller hale.»

En venn av meg kom til meg med avisen og spurte sint: «Hvem i all verden kan ha sendt inn dette?» Jeg så ham dypt inn i øynene og sa: «Det har jeg gjort.» Deretter falt vi to rundt i rommet og lo. Moralen er altså at for å lure en kritiker, så VÆR en kritiker! (7)

Q: Eller du kan bare ignorere dem og håpe at de forsvinner! Du vil vel ikke at de skal få deg til å gi opp skrivingen og heller prøve deg på noe annet, som for eksempel å bli predikant? Jeg sikter til ditt kortvarige kall som prest i Bath.

A: Det var sytten mennesker i kapellet, og da jeg så vidt hadde begynt, var det en av dem som stjal seg stille ut av kapellet. Noen minutter senere kom det en til, og så en til, og så en til, og så en til. Da prekenen var over, var det bare en eldre kvinne igjen. Hun sov tungt. Jeg bestemte meg for å finne en annen måte å tjene brød og ost på. (8)

Q: Kunne du tenke deg å lese noe for meg?

A: Selvsagt, kjære dame:

KUBLA KHAN

I Xanadu gjorde Kubla Khan

Et staselig lysthus;

Hvor Alph, den hellige elv, rant

Gjennom huler uten mål for mennesket

ned til et solløst hav.

Så to ganger fem miles av fruktbar jord

Med murer og tårn var omkranset

Og her var hager som lyste opp av slyngede renner,

hvor mange røkelsesbærende trær blomstret.

Og her var skoger like gamle som åsene,

som omsluttet solfylte flekker av grønt

Men åh! Den dype, romantiske kløft som skrånet

Nedover den grønne åsen, tvers gjennom et sedertre!

Et vilt sted! Så hellig og fortryllet

Som noen gang under en avtagende måne ble hjemsøkt

Av en kvinne som gråt for sin demon-elsker!

Og fra denne kløft, med uopphørlig uro sydende,

Som om jorden pustet i raske, tykke bukser,

En mektig fontene ble tvunget;

I dens raske, halvveis innesluttede utbrudd

Enorme fragmenter hvelvet som rebounding hagl,

Eller som korn under treskerens slag;

Og midt i disse dansende klippene, på en gang og alltid

Den hellige elv fløt opp;

Fem miles slynger seg med en labyrintisk bevegelse

Gjennom skog og daler rant den hellige elv,

Så nådde den huler som mennesket ikke kan måle,

Og sank i tumult til et livløst hav;

Og midt i denne tumulten hørte Kubla langt bortefra

Forfedres stemmer som profeterte krig!

Skyggen av kuppelen av glede

Fløt midtveis på bølgene;

Der hørtes det blandede mål

Fra fontenen og grottene.

Det var et mirakel av sjeldent apparat,

En solfylt fornøyelseskuppel med huler av is!

En jomfru med en dulcimer

I et syn jeg en gang så;

Det var en abyssinsk pike,

Og på dulcimer hun spilte,

Hun sang om Mount Abora

Kunne jeg gjenopplive i meg,

Hennes symfoni og sang,

Til en så dyp fryd t'would win me,

At med høy og lang musikk

Jeg ville bygge den kuppelen i luften,

Den solfylte kuppel! Disse huler av is!

Og alle som hørte skulle se dem der,

Og alle skulle rope: Vokt dere! Se opp!

Hans blinkende øyne, hans svevende hår!
Og lukk øynene med hellig frykt,
For han har spist honningdugg
Og drukket Paradisets melk. (9)

Spørsmål: Har du noen råd til poeter i år 2003 og fremover?

A: Poesien må ikke bare være enkel, den må også være magisk. Dikteren må dykke ned i underbevissthetens dype cisterner og sende boblende ut i den normale opplevelsesverdens sunne solskinn, fantasiens krystallelver som gjenspeiler landskapet i en overnaturlig og naturlig verden. Et dikt er den typen komposisjon som står i motsetning til vitenskapelige verker ved at det har nytelse, ikke sannhet, som sitt umiddelbare objekt; og fra alle andre arter (som har dette objektet til felles med det) - skiller det seg ut ved at det tilbyr seg selv en slik glede fra helheten som er forenlig med en distinkt tilfredsstillelse fra hver enkelt del. Den gode sansen er det poetiske geniets kropp, fantasien dens draperi, bevegelsen dens liv, og fantasien den sjelen som er overalt og i hver av dem, og som danner alt sammen til en grasiøs, intelligent helhet. Hvert menneskes språk varierer, alt etter omfanget av hans kunnskap, aktiviteten til hans evner og dybden eller hurtigheten av hans følelser. (10)

Spørsmål: Har du noe imot å dele enda et dikt med oss før du forlater år 2003? Takk for at du ville møte meg.

A: Jeg vil gjerne forlate dere med håp, for da jeg var blant dere, befant jeg meg aldri alene blant klipper og åser ... men min ånd beveget seg, drev og virvlet som et løv om høsten; en vill aktivitet av tanker, forestillinger, følelser og bevegelsesimpulser steg opp i meg ... Jo lenger jeg steg opp fra den besjelede naturen ... jo større ble intensiteten i min følelse for livet i meg. Livet forekom meg da å være en universell ånd som verken hadde eller kunne ha en motsetning. Gud var overalt, og likevel var det plass for døden? (11)

ARBEID UTEN HÅP

Hele naturen synes å være i arbeid. Sneglene forlater sitt skjulested -

Biene rører på seg - fuglene er på vingene -

Og vinteren slumrer i det fri,

Bærer på sitt smilende ansikt en drøm om våren!

Og jeg er den eneste som ikke er opplatt,

Hverken honning lage, parre, bygge eller synge

Men jeg kjenner godt bredden hvor amarant blåser,

Jeg har sporet kilden hvor strømmer av nektar flyter,

Blomstre, amaranter! Blomstre for hvem dere vil,

For meg blomstrer dere ikke! Glid bort, rike strømmer!

Med lepper uten lys, med kranseløs panne, vandrer jeg:

Og vil du lære trylleformlene som døsig min sjel?

Arbeid uten håp trekker nektar i en sil,

Og håp uten et objekt kan ikke leve. (12)

Samuel Taylor Coleridge tok en pasjonsfrukt i hver hånd og antydet at han gjerne ville ta dem med seg. Jeg nikket anerkjennende. Han la forsiktig en i hver lomme, og på en eller annen måte visste jeg at han bar dem med seg som et minne fra reisen. Til ære for ham resiterte jeg de søte ordene fra

ASRA

Å være elsket er alt jeg trenger,

Og den jeg elsker, elsker jeg virkelig. (13)

*Jeg støtter personlig følgende verk av Samuel Taylor Coleridge:*

Christabel

Kjærlighet

Ungdom og alderdom

Nedstemthet: en ode

Piccolomini

Ode til stillheten

Ode til året som går

Frost ved midnatt

Biographia Literaria: 1817

Betraktninger over å ha forlatt et pensjoniststed

Lindeskogen, mitt fengsel

Fangehullet

Frykten i ensomheten

Søvnens smerter

Fantomet

Hva er livet?

Inskripsjon til en fontene på en lynghei

Menneskelivet

Tid, virkelig og imaginær
Fornuft
Begjær
**Beod ge gesunde**
**Cathy McGough**
**Din intervjuer av legendariske forfattere fra det hinsidige**

# NATHANIEL HAWTHORNE SNUR PÅ FLISA

MADAME DELATOUR VAR SVÆRT syk. Hennes personlige lege, dr. Weinstein, kom på hjemmebesøk og beordret henne til å ta en skikkelig hvil.

Med en motvillig pasient i hendene informerte jeg Blanchetta om at dr. Weinstein hadde overlatt ansvaret for henne til meg (NB: Hvis du må fortelle pasienten din at du har ansvaret, kan du alltid forvente trøbbel). Derfor ville vi ikke gjøre noen av de planlagte intervjuene, inkludert det med Nathaniel Hawthorne, før hun var helt frisk.

«Ha!» utbrøt hun, og så la hun til: 'The Show must go on!', og så begynte hun å synge Freddie Mercurys sang med samme navn i et medrivende refreng. Det tok ikke lang tid før hun begynte å hoste og stotre, og til slutt hakkende gikk hun bort til sofaen der hun la seg ned med hodet i hendene.

Der satt hun, i sine rosa Ugg-støvler, med en burgunderrød morgenkåpe festet i nakken, håret under en psykedelisk badehette og uten sminke, bortsett fra et tykt lag knallrød leppestift.

Hvis du uventet møtte henne i den tilstanden, ville du kanskje trodd at du var kommet inn i Mr. Serlings' «Twilight Zone». Hvis du hadde lyttet nøye etter, ville du sannsynligvis ha hørt: «Do, do do do do, do, do, do, do, do, do.» Jeg vedder faktisk på at du hører temaet fra serien akkurat nå.

Tilbake til pasienten vår ... det var på den tiden jeg tilbød madame et kaldt glass vann for å senke feberen. Hun skremte meg bort og forlangte i stedet en stor shot Chivas Regal med is. Jeg uttrykte min bekymring for hennes usunne drikkevalg, siden dr. Weinstein nærmest hadde forbudt alkohol.

Til slutt kom vi frem til et kompromiss: en enkelt utvannet shot med rikelig med is.

Deretter lente hun seg tilbake på sjeselongen og nippet med lillefingeren i været i et forsøk på å samle nok krefter til å gå ut i den hinsidige verden.

Dessverre innså hun snart at hun fortsatt var altfor svak, og ba om en shot til. Jeg gikk med på det med stor motvilje.

Etter å ha drukket den opp igjen, gikk hun noe ustødig opp trappen, der hun sa at hun ville hvile seg i ro og samle krefter.

Jeg fikk øye på en full spritflaske under armen hennes og konfiskerte den før jeg sendte henne videre opp for å legge seg. I mellomtiden utnyttet jeg freden og roen til å lese gjennom informasjonen jeg etter hvert hadde samlet om intervjueren vår, Nathaniel Hawthorne.

Hawthorne ble født i Salem, Massachusetts, den[4.] juli 1804. Faren døde da han var fire år gammel, og moren tok seg av ham og hans to søstre Elizabeth og Maria. Fru Hawthorne var fortvilet etter ektemannens død, og hun tok med seg de tre barna til farens hjem. Broren Robert fattet interesse for Nathaniel og tok på seg å utdanne nevøen.

Jeg så ut på nattehimmelen, og jeg kom til å tenke på et av Hawthornes dikt:

**ADRESSE TIL MÅNEN**

Hvor søt er ikke månens bleke stråle,
faller skjelvende på den fjerne bukt,
over hvilken brisen ikke sukker mer,
Og bølgene slår ikke mer mot stranden.
Si, gjør øynene til dem jeg elsker,
Se deg når du svever der oppe,
ensom, majestetisk og rolig,
Den rolige og fredfylte kveldens dronning?
Si, hvis på ditt fredelige bryst
...finner de døde sjeler hvile,
For hvem kunne ønske seg et vakrere hjem
enn i den lyse, strålende kuppel? (1)

Jeg grøsset og snudde meg akkurat i tide til å høre Blanchettas stemme rope på meg ovenfra: «Juhuu, Cathy, herr Hawthorne er på vei.»

Han hadde en dyp sjokoladefarget bart med grå flekker og langt, bølgende hår. En liten krøll i pannen skjulte de mørke, tunge øyenbrynene, og det virket som om de fremhevet den mørkeblå fargen på øynene hans.

Han strakte ut hånden mot meg, så tok han den andre hånden min i sin og holdt den fast mens han så meg inn i øynene. Det føltes som om han prøvde å lese meg.

Etter noen sekunder trakk han pusten dypt, bøyde seg og uttrykte bekymring for madame Delatour. Jeg forsikret ham om at hun hadde blitt tilset av en lege, og at hun ville bli frisk hvis hun fulgte hans ordre.

Så spurte herr Hawthorne helt uventet

**Q**: De er en forfatterspire, forstår jeg?

**A**: Ja, herr Hawthorne.

**F**: Da er dette mitt råd til deg, og det er det viktigste rådet jeg kan gi deg. Hør nøye etter - dette er kanskje alt jeg har å tilby deg.

Når forfatteren kaster sine blader ut i vinden, henvender han seg ikke til de mange som vil kaste bindet fra seg eller aldri ta det opp, men til de få som vil forstå ham bedre enn de fleste av hans skolekamerater eller livskamerater.

Noen forfattere gjør faktisk langt mer enn dette, og hengir seg til så fortrolige åpenbaringsdybder at det er passende å henvende seg utelukkende og eksklusivt til det ene hjertet og sinnet av fullkommen sympati; som om den trykte boken, kastet ut i den vide verden, helt sikkert ville finne frem til det delte segmentet av forfatterens egen natur, og fullføre hans eksistensielle sirkel ved å bringe ham inn i fellesskap med den.

Men ettersom tankene er frosne og ytringen stivnet hvis ikke taleren står i et ekte forhold til sine tilhørere, kan det være tilgivelig å forestille seg at en venn, en vennlig og engstelig, om enn ikke den nærmeste vennen, lytter til vår tale; og når en medfødt tilbakeholdenhet tines opp av denne vennlige bevisstheten, kan vi prate om omstendighetene rundt oss, og til og med om deg selv, men fortsatt holde det innerste Jeget bak sløret sitt. I denne utstrekning og innenfor disse grenser kan en forfatter, tror jeg, være selvbiografisk uten å krenke verken leserens eller sine egne rettigheter. (2)

**Q**: Takk, herr Hawthorne, du har gitt meg mye å tenke over. Hvis du nå vil ta et glass limonade og sette deg ned, kan vi begynne intervjuet?

**A**: Jeg er fornøyd, Cathy. Ordet er ditt, så du kan fortsette.

**Spørsmål**: Stemmer det at du leste «Pilegrimsreisen» da du var veldig ung?

**A**: Det var en glede å lese den boken og andre da jeg var seks år gammel. Faren min døde da jeg var fire år, og det å lære å lese åpnet en helt ny verden for meg. Jeg elsket «The Pilgrim's Progress», og

«Castle of Indolence» av James Thomson gjorde meg spesielt glad. Jeg leste Speners «Faerie Queene», som jeg kjøpte for de første pengene jeg noensinne hadde tjent. (3)

**Spørsmål**: Hvilken tid i livet ditt husker du med størst glede?

**A**: Da jeg var fjorten år, flyttet vi til Sebago Lake i Maine. Jeg levde som en fugl i luften, så perfekt var friheten jeg nøt ... Å, hvor godt jeg husker sommerdagene; også da jeg med geværet mitt streifet fritt omkring i skogene i Maine! Alt er vakkert i ungdommen - for da er alt tillatt ... Selv om det var der jeg først fikk mine forbannede vaner med ensomhet. (4)

**F**: Enhver forfatter trenger ensomhet, men som barn anbefaler du det ikke?

**A**: Anbefale? Nei, men denne ensomheten jeg følte som barn, tvang meg til å lese alt jeg kunne finne. Jeg leste Waverley-romanene, Rousseau og Newgate-kalenderen, og jeg pleide å dikte lange historier om hva jeg ville gjøre og hvor jeg ville dra når jeg ble stor. Jeg avsluttet alltid historiene mine med og jeg kommer aldri tilbake igjen! (5)

**Spørsmål**: Er det sant at du startet din egen avis da du var liten?

**A**: Det gjorde jeg, det gjorde jeg faktisk. Jeg kalte den «The Spectator» - ikke så originalt, eller hva? Den kom bare ut i seks numre, og så informerte jeg abonnentene mine - og det var én av dem - meg selv -

om at ingen dødsfall av betydning hadde funnet sted, bortsett fra avisens utgiver, som døde av sult på grunn av at han ikke hadde så mange abonnenter. (6)

**Q**: Hvordan og når bestemte du deg for å bli forfatter?

**A**: Som syttenåring begynte jeg på Bowdoin College. Jeg skrev til min mor:

Jeg vil ikke bli lege og leve av menneskenes sykdommer; heller ikke prest og leve av deres synder; heller ikke advokat og leve av deres krangler. Så jeg ser ikke at det er noe annet igjen for meg enn å være forfatter. Hva sier du til en dag å se en hel hylle full av bøker skrevet av din sønn, med «Hawthornes verker» trykt på ryggen?

Jeg så ikke svaret hennes da hun mottok brevet mitt, men senere visste jeg med sikkerhet at hun ikke var imponert over mitt yrkesvalg. (7)

**Spørsmål**: Følte du at du kunne bevise at familien tok feil, eller hadde du noe håp om å endre deres forutinntatte meninger om deg?

**A**: Ikke noe mål jeg noensinne har hatt, ville de anerkjenne som prisverdig; ingen av mine suksesser - hvis livet mitt, utover det hjemlige, noensinne hadde blitt opplyst av suksess - ville de anse som annet enn verdiløs, om ikke direkte skammelig. «Hva er han?» mumler den ene grå skyggen av mine forfedre til den andre. «En forfatter av eventyrbøker! Hva slags livsoppgave kan det være - hva slags måte å ære Gud på, eller være til nytte for menneskeheten i hans tid og generasjon - kan det være? Den degenererte fyren kunne like gjerne ha vært en felespiller!» Det er slike komplimenter som mine oldeforeldre og jeg har slynget om oss, på tvers av tidens avgrunn! Og likevel, la dem håne meg som de vil, sterke trekk i deres natur har flettet seg sammen med min. (8)

**Spørsmål**: Alle forfattere får avslag. Hvordan håndterte du avslagene, hvis det var noen?

**A**: Hvis det var noen? Spøker du? Da jeg studerte, skrev jeg dikt og skisser. Jeg satte dem sammen og kalte dem «Seven Tales of My Native Land». Jeg tilbød dem til forlag #1. De avslo høflig. Jeg tilbød dem til forlegger nr. 2, som uhøflig takket nei. Forlag nr. 3 aksepterte den og beholdt den så lenge uten å gi den ut at jeg forlangte å få den tilbake. Hvordan håndterte jeg avslaget? Jeg brente den! (9)

**Q**: Jøss, det må ha gjort vondt. Vurderte du å kaste inn håndkleet?

**A**: Jeg er ikke kjent med det uttrykket, men jeg skjønner hva du mener. Derfor er svaret mitt nei. Jeg skrev fortsatt og publiserte anonymt for egen regning en roman som het «Fanshawe». Den kostet meg 100 dollar, og det var få salg. Derfor har jeg aldri offentlig innrømmet at jeg var forfatteren. (10)

**Spørsmål**: Senere i livet, fant du trøst i ensomheten?

**A**: Jeg var som et skremt barn, selv i en alder av 38 år. Jeg ønsket ikke noe mer enn å flykte fra samfunnet. Hvis jeg så en mann komme gående, skyndte jeg meg å klatre over steinene og søke tilflukt i en krok som mange hemmelige timer har gitt meg rett til å kalle min egen. Slik var jeg helt til jeg møtte min kone Sophia. (11)

**Sp**: Du giftet deg med Sophia den 9. juli 1842 og flyttet til Old Manse i Concord.

**A**: Det var der jeg skrev «Mosses». Min kone var min eneste følgesvenn, og jeg trengte ingen annen; det var ikke noe tomrom i mitt sinn, like lite som i mitt hjerte. Jeg tilbrakte faktisk så mange år i total tilbaketrukkethet fra alt menneskelig selskap at det ikke var rart at jeg følte at alle mine ønsker ble tilfredsstilt av dette eneste samværet. Men hun var kommet til meg fra mange venner og en stor bekjentskapskrets; likevel levde hun fra dag til dag i ensomhet, uten å se noen andre enn meg selv og senere våre barn, mens snøen i alléen vår i ukevis ikke var tråkket av andre fotspor enn mine; likevel var hun alltid så munter. Gudskjelov at jeg var i stand til å tilfredsstille hennes grenseløse hjerte! (12)

**Q**: Concord hadde et ganske godt rykte i forfattermiljøet.

**A**: Vi bodde i utkanten, hvor jeg skrev historier og levde av inntektene fra dem, eller klarte meg helt til jeg ble utnevnt til tollinspektør i Salem i 1846 med en lønn på tolv hundre dollar i året. Men lykken varte ikke så lenge, og i 1849 ble jeg avsatt fra stillingen i forbindelse med et politisk skifte. Jeg var førtifem år gammel og hadde kone og to barn å forsørge. Vi hadde svært lite sparepenger og få utsikter til å få en ny stilling. (13)

**Q**: Du følte at verden var imot deg, og så skrev du din mest berømte roman av alle, «Den skarlagensrøde bokstaven»?

**A**: Mange hadde tro på meg, selv om jeg hadde svært liten tro på meg selv. Min kone. Vennene mine fra skolen. Forleggeren min. De følte alle at jeg hadde noe i meg, at jeg kunne skape en stor roman. Forleggeren min, James T. Fields, kom på besøk til meg i Salem. Han spurte meg vennlig, som han hadde gjort mange ganger før, om jeg hadde skrevet noe i det siste. Mitt svar var: Hvilken forlegger ville noensinne risikere en bok fra meg, den mest upopulære forfatteren i Amerika? Han fortalte meg at det ville han med den største overbevisning. Jeg svarte at jeg ikke hadde noe av verdi i mitt repertoar. Akkurat da han skulle til å gå, tok jeg frem et manuskript fra skrivebordet mitt og spurte om han ville se på denne søppelhaugen. Manuskriptet var en grov skisse til «Den skarlagensrøde bokstaven». (14)

**Spørsmål**: «Den skarlagensrøde bokstaven» ble utgitt i 1850 og solgte over 5000 eksemplarer på ti dager. Hva syntes Sophia om den? Likte hun den?

**A**: Jeg forsøkte å lese avslutningen for min kone, for stemmen min svulmet og hevet seg som om jeg ble kastet opp og ned på et hav som senker seg etter en storm. Det knuste hjertet hennes - og sendte henne til sengs med en voldsom hodepine - noe jeg så på som en triumferende suksess. (15)

**Q**: Hvor kom ideen fra?

**A**: En mystisk pakke kom til Custom House, og den gjenstanden som tiltrakk seg min oppmerksomhet mest, var et fint rødt tøystykke som var svært slitt og falmet. Det var spor av gullbroderi, som imidlertid var veldig frynsete og ødelagt, slik at det ikke var noe, eller svært lite, igjen av glitteret. Det var lett å se at det hadde vært utført med en vidunderlig håndverksmessig dyktighet, og sømmen - som jeg ble forsikret om av damer som var fortrolige med slike mysterier - vitnet om en nå glemt kunst, som ikke kunne gjenfinnes selv ved å plukke ut trådene. Denne skarlagenrøde tøyfillen - som tiden, slitasjen og en hellig møll hadde redusert til lite annet enn en fille - antok ved nøye undersøkelse formen av en bokstav. Det var den store bokstaven «A». (16)

**Spørsmål**: Og hvordan så denne «A-en» ut?

**A**: Ved en nøyaktig måling viste det seg at hvert lem var nøyaktig fem centimeter og en kvart centimeter langt. Det var utvilsomt ment som en prydgjenstand, men hvordan den skulle bæres, eller hvilken rang, ære og verdighet den betydde i tidligere tider, var en gåte som jeg ikke så noe håp om å løse, så flyktige er verdens moter på disse områdene. Og likevel interesserte den meg på en merkelig måte. Øynene mine festet seg på den gamle, skarlagensrøde bokstaven og lot seg ikke vippe til side. Det var helt sikkert en dyp mening i det, en mening som var verdt å tolke, og som så å si strømmet ut fra det mystiske symbolet, og som på subtilt vis kommuniserte seg selv til mine følelser, men som unndro seg min forstands analyse. (17)

**Spørsmål**: Ble du oppslukt av mysteriet?

**A**: Ja, mens jeg var så forvirret - og blant andre hypoteser funderte på om bokstaven ikke kunne ha vært en av de dekorasjonene som de hvite menn pleide å lage for å tiltrekke seg indianernes blikk - plasserte jeg den tilfeldigvis på brystet mitt. Det forekom meg - du kan smile, men du må ikke tvile på mitt ord - det forekom meg da at jeg opplevde en følelse som ikke var helt fysisk, men likevel nesten, som brennende varme; og som om brevet ikke var av rødt tøy, men glødende jern. Jeg grøsset og lot det ufrivillig falle ned på gulvet.

I den oppslukende betraktningen av den skarlagenrøde bokstaven hadde jeg hittil forsømt å se på en liten rull med skittent papir som den hadde vært snodd rundt. Nå åpnet jeg den, og hadde gleden av å finne en rimelig fullstendig forklaring på hele affæren nedtegnet av den gamle landmålerens penn. (18)

**Q**: Fantes det noen spesifikk informasjon om den virkelige Hester Prynnes liv?

**Svar**: Ja, det fantes flere ark som inneholdt mange detaljer om livet og samtalen til en Hester Prynne, som ser ut til å ha vært en ganske bemerkelsesverdig personlighet i våre forfedres øyne. Hun hadde blomstret i perioden mellom Massachusetts' tidlige dager og slutten av det syttende århundre. Eldre personer som levde på landmåler Pues tid, og hvis muntlige vitnesbyrd han hadde laget sin fortelling ut fra, husket henne i sin ungdom som en svært gammel, men ikke forfallen kvinne, med et staselig og høytidelig utseende. Det hadde vært hennes vane fra en nesten uminnelig dato å gå rundt i landet som en slags frivillig sykepleier og gjøre alt annet godt hun kunne; på samme måte tok hun på seg å gi råd i alle saker, spesielt de av hjertet; på den måten, som en person med slike tilbøyeligheter uunngåelig må, fikk hun fra mange mennesker den ærbødigheten som skyldes en engel, men jeg kan forestille meg at hun ble sett på av andre som en inntrenger og en plage. (19)

**Spørsmål**: Ble det gjort ytterligere oppdagelser?

**A**: Da jeg gravde videre i manuskriptet, fant jeg en beretning om denne særegne kvinnens øvrige gjerninger og lidelser, kalt «Den skarlagenrøde bokstaven» - og man må huske på at de viktigste fakta i denne historien er autorisert og bekreftet av dokumentet til herr landmåler Pue. De originale papirene, sammen med selve den skarlagensrøde bokstaven - et høyst kuriøst relikvie - er fremdeles i min besittelse, og skal fritt stilles ut til hvem som helst som, tilskyndet av min store interesse for fortellingen, måtte ønske et syn av dem. (20)

**Q**: Så du visste med en gang at denne «A» - denne informasjonen du fant, var noe du ville skrive om?

**A**: Jeg visste at Hester Prynnes historie krevde mye ettertanke. Atmosfæren i et tollkammer er så lite tilpasset fantasiens og følsomhetens delikate innhøsting, at jeg tviler på at fortellingen om «Den skarlagensrøde bokstaven» noen gang ville ha kommet frem i offentligheten, om jeg hadde blitt værende der gjennom de ti presidentperiodene som fulgte. Min fantasi var et skjemmende speil. Det ville ikke reflektere, eller bare med en elendig svakhet, de figurene som jeg gjorde mitt beste for å befolke det med. Fortellingens skikkelser ville ikke bli varmet opp og gjort formbare av noen varme som jeg kunne tenne ved min intellektuelle glemsel. De ville verken ta lidenskapens glød eller følelsenes ømhet, men beholdt hele stivheten til døde lik og stirret meg i ansiktet med et fast og uhyggelig grin av foraktelig trass. (21)

**Q**: Er det sant at «Den skarlagensrøde bokstaven» en gang ble gjort til opera?

**A**: Ja, mens jeg var i utlandet, plukket jeg opp en amerikansk avis. Der sto det at det var skrevet en uferdig opera over min bok, og at flere scener av den var blitt fremført med suksess i New York. Jeg tror den muligens kunne bli en suksess som opera, men som skuespill ville den helt sikkert mislykkes. (22)

**Spørsmål**: Min første bok var en romanse. Hvilke råd vil du gi til forfattere i den spesifikke sjangeren?

**A**: Når en forfatter kaller sitt verk en romanse, er det neppe nødvendig å bemerke at han ønsker å påberope seg et visst spillerom, både når det gjelder form og stoff, som han ikke ville ha følt seg berettiget til å påta seg hvis han hadde utgitt seg for å skrive en roman. Den sistnevnte formen for komposisjon antas å ta sikte på en svært liten troskap, ikke bare til det mulige, men til det sannsynlige og vanlige forløpet av menneskets erfaring. Den førstnevnte formen - selv om den som kunstverk må underkaste seg strenge lover, og selv om den synder utilgivelig i den grad den avviker fra sannheten i menneskets hjerte - har rett til å presentere denne sannheten under omstendigheter som forfatteren i stor grad selv har valgt eller skapt.

Hvis han finner det passende, kan han også styre sitt atmosfæriske medium slik at det fremhever eller demper lysene og utdyper og beriker skyggene i bildet. Han vil uten tvil gjøre klokt i å gjøre en svært moderat bruk av de privilegiene som er nevnt her, og spesielt å blande det forunderlige snarere som en svak, delikat og flyktig smak, enn som noen del av den faktiske substansen i retten som tilbys publikum. Men selv om han ignorerer denne advarselen, kan han neppe sies å begå en litterær forbrytelse. (23)

**Spørsmål**: Hvor viktig mener du det er å ha et moralsk formål med å skrive en roman?

**A**: Mange forfattere legger stor vekt på et bestemt moralsk formål, som de påstår at de sikter mot i sine verk. For ikke å være mangelfull på dette punktet, har forfatteren utstyrt seg selv med en moral; - sannheten, nemlig at en generasjons ugjerninger lever videre i de påfølgende generasjonene, og at de blir til ren og ukontrollerbar ondskap når de fratas enhver midlertidig fordel; Og han ville føle det som en enestående tilfredsstillelse om denne romanen kunne overbevise menneskeheten - eller for den saks skyld et hvilket som helst menneske - om dårskapen i å velte et skred av dårlig tilegnet gull eller fast eiendom ned over hodene på en uheldig etterslekt, for på den måten å lemleste og knuse dem, inntil den oppsamlede massen blir spredt utover i sine opprinnelige atomer. (24)

**Q**: Så du mener ikke at romansjangeren bør forsøke å utdanne?

**A**: Når romanser virkelig lærer noe, eller har noen effektiv virkning, er det som regel gjennom en langt mer subtil prosess enn den tilsynelatende, fordi forfatteren har ansett det som lite verdt å ubarmhjertig spidde historien med sin moral, som med en jernstang - eller rettere sagt som å stikke en nål gjennom en sommerfugl - og dermed på en gang frata den livet og få den til å stivne i en ukledelig og unaturlig holdning. En høy sannhet, riktig, fint og dyktig utarbeidet, som lyser opp på hvert trinn og kroner den endelige utviklingen av et skjønnlitterært verk, kan tilføre en kunstnerisk herlighet, men er aldri sannere og sjelden tydeligere på den siste siden enn på den første. (25)

**Spørsmål**: Hvordan bør en forfatter da forsøke å skape kontakt med leserne?

**A**: En leser kan kanskje velge å tilordne en faktisk lokalitet til den imaginære hendelsen i fortellingen. Hvis den historiske forbindelsen tillot det - selv om den var svak, men vesentlig for forfatterens plan - ville forfatteren svært gjerne ha unngått noe slikt. For ikke å snakke om andre innvendinger, så utsetter det romantikken for en ufleksibel og ytterst farlig form for kritikk, ved å bringe fantasibildene hans nesten i positiv kontakt med øyeblikkets realiteter.

Det har ikke vært hans hensikt å beskrive lokale omgangsformer eller på noen måte blande seg inn i karakteristikken av et samfunn som han nærer en naturlig respekt og aktelse for. Han håper ikke å bli ansett som utilgivelig krenkende ved å anlegge en gate som ikke krenker noens private rettigheter, ved å tilegne seg en tomt uten synlig eier og ved å bygge et hus av materialer som lenge har vært I bruk til å bygge luftslott. Personene i fortellingen - selv om de gir seg ut for å være av gammel stabilitet og betydelig fremtredende - er egentlig forfatterens eget verk, eller i alle fall av hans egen blanding; deres dyder kan ikke kaste glans, og deres mangler kan ikke i den fjerneste grad miskreditere den ærverdige byen som de påstår å være innbyggere i. Han ville derfor være glad om boken - særlig i den bydelen han henviser til - kunne leses som en ren romanse, som har mye mer å gjøre med skyene over himmelen enn med noen del av det faktiske jordsmonnet på det stedet han skriver om. (26)

**Spørsmål**: Hva, om noe, har du lagt merke til fra dine reiser til Storbritannia?

**A**: Jeg besøkte British Museum, en ytterst slitsom affære. Det er helt knusende å se så mye på en gang, og jeg vandret fra sal til sal med et trøtt og tungt hjerte. Nåtiden er altfor tynget av fortiden. (27)

**Spørsmål**: Har du noen råd til forfattere i fremtiden?

**A**: Det eneste fornuftige målet med litteratur er for det første det fornøyelige arbeidet med å skrive, for det andre tilfredsstillelsen av ens familie og venner, og til slutt de solide pengene. (28)

**Spørsmål**: Jeg beklager å måtte si at vår tid nå er ute. Tusen takk for at du har latt deg intervjue. Denne boken ville ikke vært komplett uten et kapittel om deg.

**A**: Jeg takker ydmykt og vil la deg lese fra

**DEN SKARLAGENSRØDE BOKSTAVEN**

Da den unge kvinnen - moren til dette barnet - sto helt åpenbaret foran folkemengden, syntes hennes første innskytelse å være å knuge barnet tett inntil brystet, ikke så mye av moderlig hengivenhet som for å skjule et bestemt tegn som var smidd eller festet inn i kjolen hennes. Men da hun straks skjønte at et tegn på hennes skam ikke ville tjene til å skjule et annet, tok hun barnet på armen, og med en brennende rødme, men likevel et hovmodig smil og et blikk som ikke lot seg fornærme, så hun seg omkring på sine byfolk og naboer. På brystet av kjolen hennes, i fint rødt tøy, omgitt av forseggjorte broderier og fantastiske utsmykninger av gulltråd, dukket bokstaven A opp. Det var så kunstnerisk utført, og med så mye fruktbarhet og nydelig frodighet av fantasi, at det hadde all effekten av en siste og passende dekorasjon til klærne hun hadde på seg, og som var av en prakt i samsvar med tidens smak, men langt utover det som var tillatt av de somptuary forskrifter av kolonien. (29)

Etter at han var ferdig med å resitere, forsvant han, og jeg fortsatte å lese der han hadde sluttet en god stund.

Nathaniel Hawthorne var høyt respektert av sine forfatterkolleger, som hyllet ham ved begravelsen, deriblant Longfellow, Holmes, Whittier, Lowell, Emerson, Agassiz og Pierce.

Jeg forlater dere med disse ordene, skrevet av Henry Wadsworth Longfellow da Hawthorne døde:

**HAWTHORNE [1804-1864]**

Hvor vakkert det var, den ene lyse dagen
I den lange uken med regn!
Selv om all dens prakt ikke kunne jage bort
Den allestedsnærværende smerten.

Den vakre byen var hvit av epleblomster,
Og de store almene over hodet
Mørke skygger vevde på sine luftige vevstoler
Gjennomtrukket av gylne tråder.

Over engene, ved den grå, gamle prestegården
Fløt den historiske elven;
Jeg var som en som vandrer i transe,

Ubevisst om sin vei.
Ansiktene til kjente ansikter virket merkelige;
Deres stemmer kunne jeg høre,
Og likevel syntes ordene de ytret å endre
Deres mening for mitt øre.
For det ene ansiktet jeg så etter, var ikke der,
Den ene lave stemmen var stum;
Bare et usynlig nærvær fylte luften
Og forvirret min forfølgelse.
Nå ser jeg tilbake, og eng, herregård og bekk
Svakt min tanke definerer;
Jeg ser bare en drøm i en drøm.
Åsen med furutrær.
Jeg hører bare over hans hvilested
Deres ømme undertone,
Den uendelige lengsel fra et urolig bryst,
Stemmen så lik hans egen.
Der i avsondrethet og fjernt fra mennesker
ligger trollmannens hånd kald,
Som i sin høyeste hastighet lot pennen falle,
Og etterlot fortellingen halvt fortalt.
Ah! Hvem skal løfte den tryllestaven av magisk kraft,
Og den tapte kløften gjenvinne?
De uferdige vinduene i Aladdins tårn
Må forbli uferdige! (30)
*Mitt råd er å oppsøke Hawthornes verker! Du vil ikke bli skuffet:*
Den skarlagensrøde bokstaven
To ganger fortalte historier

Blithedale-romansen
Huset med de syv gavler
Rappaccinis datter
Marmorfaunen
Tanglewoods fortellinger
Dolliver-romansen
Notisbøker
Engelske notatbøker
Our Old Home - En serie engelske skisser
En hel historie om bestefars stol
Ministerens svarte slør
Kunstneren av det vakre
Heltenes former
De profetiske bildene
Den milde gutten
Drownes trebilde
Jordens holocaust
Djevelen i manuskriptet
Det store steinfaktumet
Mr. Higginbothams katastrofe
Livets prosesjon
Canterbury-pilegrimene
**TTFN!**
**Cathy McGough**
**Din intervjuer av legendariske forfattere fra det hinsidige**

# LEACOCK VEKKER OPPSIKT

Høsten 2000 var Madame Delatour og jeg på tur i Gatineau Hills i Quebec. Bladene flagret ned og rundt bilen vår, mens vi kjørte oppover åsene. De praktfulle fargene fikk oss til å lengte etter et sted å stoppe hvor vi kunne gå rundt og oppleve synet og duftene av en kanadisk høstsesong.

Endelig kom vi til parkeringsplassen som skulle føre oss til kontinentalsokkelen. Lyden av løv som knasket og klapret på vei mot utkikkspunktet, gjorde det nødvendig for oss å rope for å kommunisere. Det var en ganske kjølig midt på dagen, og det var ikke mange andre som var modige nok til å trekke seg ut av varmen i bilene sine for å dra på sightseeing.

Vi ruslet langs en tursti, mens de aromatiske mosebelagte stiene overfalt sansene våre og isolerte oss fra vinden. Vi diskuterte kanadisk litteratur mens

vi ruslet rundt og tok det hele inn over oss, og i
tankene mine begynte et dikt å vokse frem:
De knasende bladene under føttene mine,
skapte en rytmisk pulsering i tankene mine.
Stiger og faller - sålene mine kysset bakken,
Diktet i hodet mitt gikk rundt og rundt.
Mr. Leacocks stemme brakte meg tilbake til nåtiden
med en resitasjon fra:
**DEN SOSIALE PLAN**
Jeg kjenner en veldig slitsom mann
som stadig sier «sosialplan».
Ved hver middag, hver samtale
Hvor menn samles, spiser eller går,
Uansett hvor, - denne forferdelige mannen
Kommer med sin forbannede sosiale plan.
Fallet i hvete, økningen i brød,
De sosiale breakers død fremover,
Det økonomiske paradokset
Som driver nasjonen på steinene,
Hjulene som falsk overflod tetter
Og skremmer oss fra å avle svin, -
Dette triste feltet, den dystre mannen
Overvåker og hikster, sosial plan.
Til enklere menn begynner å finne
Hans kvekking forverrer deres sinn,
Og gjør dem engstelige for å unngå
All omtale av de arbeidsledige,
Og fører dem selv til å avsky
Folk som kalles fortjente fattige.

For meg, mine sympatier nå passere
Til den fattige plutokratiske klassen.
Den skare som nå appellerer til meg
Er det han kaller borgerskapet
Så jeg har en sosial plan
Å ta ham i nakken
Og låse ham inn i en bagasjebil
Og knytte en sjekk på den,
merket MOSKVA VIA TURKESTAN,
Nå, hva er det for en sosial plan? (1)

Madame Delatour hadde ingen anelse om hvem som hadde skrevet «The Social Plan», men hun var svært underholdt av den. Jeg fortalte henne at det var Canadas egen Stephen Leacock, og nevnte at han var vår beste humorist. Madame Delatour ville vite hvorfor jeg ikke hadde bedt henne om å kontakte Leacock for et intervju.

For å være ærlig var jeg ikke sikker på hvorfor vi ikke hadde forsøkt å snakke med ham. Jeg foreslo at vi kunne diskutere det videre - etter at jeg hadde hatt mulighet til å gjøre noen undersøkelser.

Et øyeblikk senere la jeg merke til en herre som kom gående mot oss i det fjerne langs stien. Madame Delatour trakk på skuldrene og sa at herr Leacock var villig og i stand til å la seg intervjue her og nå.

Jeg var litt irritert over at det ikke var tid til å gjøre de nødvendige forberedelsene, men når man jobber med en psykopat - ups, jeg mener synsk - lærer man seg å følge strømmen.

Regnet begynte å falle forsiktig, og det dryppet av og til gjennom hullene etter de halvt løvløse trærne. Vi løp og holdt oss fast med ryggen mot et stort lønnetre mens vi ventet på at Mr. Leacock skulle komme.

Han var kledd i en brun, behagelig kofta og så ut som om han ville ha følt seg hjemme i en stor, knasende La-Z-Boy-stol foran en buldrende peis mens han røykte pipe. Han hadde brune bukser, matchende sko (som var dekket av fuktige blader) - og en brunrutete, skotsklignende caps. Skuldrene var bøyde for å holde vinden ute, og hendene var stukket ned i de varme lommene på kofta.

Stephen Leacock ble født 30. desember 1869 i Hampshire i England. Han var det tredje barnet i en familie på elleve barn. Familien hans emigrerte til Canada i 1876. De kjøpte en gård på 100 mål i landsbyen Sutton i Ontario.

Mr. Leacock gjorde oss snart selskap under lønnetreet. Vi hadde en kort prat om været (slik skikken er i Canada) før vi gikk videre med intervjuet.

**Spørsmål:** Du må ha vært spent på å se ditt første kanadiske hjem. Hva husker du fra det?

**A:** Gården vår med bygningene var, vil jeg si, det verste stedet jeg noen gang har sett. Jeg husker det som om det var i går.

Stinkende barer og staller. Ett trist lite stearinlys å studere ved om kvelden. Og vinterkveldene, iskalde netter i huset (2).

**Q:** Du bestemte deg for å bli lærer?

**A:** Jeg hadde på den tiden en viss naturlig evne til å mime, jeg kunne lett etterligne folks stemmer og instinktivt gjenskape bevegelsene deres. Så da Jimmy Wetherell [seniorinstruktøren] halvveis i en engelsktime sa høflig til meg: «Vil du ta over timen nå og fortsette den?» Jeg gjorde det med en fullstendighet og likhet med Jimmys stemme og væremåte, noe som selvfølgelig gledet klassen. Det gikk en latter gjennom rommet.

Oppmuntret som kunstner, la jeg det på for tykt. Den vennlige rektoren så det selv og ble rød i ansiktet. Da jeg var ferdig, sa han stille: «Jeg er redd jeg beundrer hjernen din mer enn manerene dine.»

Ordene skar meg i hjertet. Jeg følte at de var så sanne og likevel så helt uten ondskap. For jeg hadde ikke noe virkelig «mot», ingen virkelig «frekkhet». Det var imitasjonskunsten som appellerte til meg. Jeg hadde ikke tenkt på hvordan det kunne påvirke den det gjaldt. Det var min første leksjon i behovet for menneskelig vennlighet som et element i humoren. (3)

**Spørsmål:** En god lærdom. Likevel valgte du en karriere som lærer.

**A: Å** bli lærer var en ren og skjær nødvendighet. Utdannelsen min var ikke egnet til noe annet enn å gi den videre til andre mennesker. (4)

**Q:** Hvordan ble du inspirert til å skrive «Den sosiale planen»?

**A:** Da jeg foreleste for en strålende galakse av unge menn og kvinner, kjent, på høyskolen der de hører hjemme, som Economics Three, kom jeg på, og jeg brukte, metaforen om en sosial reformator som sitter som en ravn i vinduskarmen og kvekker «Sosialplan. Økonomi tre» våknet og lo.

Dette ga meg ideen om at det kunne være til stor nytte hvis økonomiske problemer kunne diskuteres i form av fantasilitteratur. Det ville bidra til å fjerne diskusjonen fra den vrede og bitterhet som så ofte omgir den. Hvis vi ikke kan diskutere det som gentlemen, så la oss i det minste diskutere det som idioter. Da jeg hadde fått ideen, var det bare å skrive diktet.

Førti års hardt arbeid med økonomi har fjernet så godt som alle de ideene jeg noen gang har hatt om det. Jeg tror hele vitenskapen er et vrak og må bygges opp igjen. For våre sosiale problemer er det omtrent like mye lys å finne i den eldre økonomifaget som fra en glødeorm.

Bare en eller to ting synes meg klare. Støpejernskommunismen er ikke annet enn et fengsel. Før eller senere er enten den dødsdømt, eller så er mennesket dødsdømt. Jeg tror at det eneste mulige grunnlag for et organisert samfunn er at enhver er seg selv nærmest, for seg selv og sine nærmeste. Men på dette grunnlaget må det settes i verk en mye mer effektiv og mye mer rettferdig sosial mekanisme. Vi trenger ikke et nytt spill, men et nytt sett med regler. Det må være brød og arbeid til alle, og det bør bety svært lite arbeid og mye brød. (5)

**Q:** Har du noe imot å lese en av novellene dine?

**A:** Jeg håpet at du skulle komme til å spørre!

**MIN FINANSIELLE KARRIERE**

Når jeg går inn i en bank, blir jeg nervøs. Ekspeditørene skremmer meg, lukene skremmer meg, synet av pengene skremmer meg, alt skremmer meg.

I det øyeblikket jeg krysser terskelen til en bank og forsøker å gjøre forretninger der, blir jeg en uansvarlig idiot.

Jeg visste dette på forhånd, men lønnen min var blitt økt til femti dollar i måneden, og jeg følte at banken var det eneste stedet for den.

Så jeg ruslet inn og så meg engstelig rundt blant ekspeditørene. Jeg fikk en idé om at en person som skulle åpne en konto, måtte rådføre seg med bestyreren.

Jeg gikk opp til en luke merket «Regnskapsfører». Regnskapsføreren var en høy, kjølig djevel. Bare synet av ham gjorde meg rystet. Stemmen min var gravalvorlig.

«Kan jeg få snakke med sjefen?» sa jeg, og la høytidelig til: «Alene.» Jeg vet ikke hvorfor jeg sa «alene».

«Gjerne,» sa regnskapsføreren og hentet ham.

Direktøren var en alvorlig, rolig mann. Jeg holdt mine femtiseks dollar i en sammenkrøllet ball i lommen.

«Er du bestyreren?» sa jeg. Gudene skal vite at jeg ikke tvilte på det.

«Ja,» sa han.

«Kan jeg få snakke med deg,» spurte jeg, »alene?» Jeg ville ikke si «alene» igjen, men uten det virket saken selvinnlysende.

Direktøren så på meg med en viss uro. Han følte at jeg hadde en forferdelig hemmelighet å avsløre.

«Kom inn her,» sa han, og viste vei til et privat rom. Han dreide nøkkelen i låsen.

«Her er vi trygge for forstyrrelser,» sa han. »Sett deg ned.»

Vi satte oss begge ned og så på hverandre. Jeg fant ingen stemme til å snakke.

«Du er en av Pinkertons menn, antar jeg,» sa han.

Han hadde forstått av min mystiske oppførsel at jeg var detektiv. Jeg visste hva han tenkte, og det gjorde meg enda verre.

«Nei, ikke fra Pinkertons,» sa jeg, og antydet dermed at jeg kom fra et rivaliserende byrå.

«For å være ærlig,» fortsatte jeg, som om jeg hadde blitt bedt om å lyve om det, »jeg er ikke detektiv i det hele tatt. Jeg har kommet for å åpne en konto. Jeg har tenkt å ha alle pengene mine i denne banken.»

Direktøren så lettet ut, men fortsatt alvorlig; han konkluderte nå med at jeg var en sønn av baron Rothschild eller en ung Gould.

«En stor konto, antar jeg,» sa han.

«Ganske stor,» hvisket jeg, »jeg foreslår å sette inn femtiseks dollar nå og femti dollar i måneden regelmessig.»

Bestyreren reiste seg og åpnet døren. Han ropte på regnskapsføreren.

«Herr Montgomery,» sa han uvennlig høyt, »denne herren åpner en konto, han vil sette inn femtiseks dollar. God morgen.»

Jeg reiste meg.

En stor jerndør sto åpen ved siden av rommet. «God morgen,» sa jeg og gikk inn i safen.

«Kom ut,» sa bestyreren kaldt og viste meg den andre veien.

Jeg gikk bort til regnskapsførerens luke og pekte på pengeballen med en rask, krampaktig bevegelse, som om jeg skulle utføre et trylletriks.

Ansiktet mitt var fryktelig blekt.

«Her,» sa jeg, »sett dem inn.» Tonen i ordene syntes å bety: «La oss gjøre denne smertefulle tingen mens anfallet er på oss.»

Han tok pengene og ga dem til en annen ekspeditør.

Han fikk meg til å skrive summen på en seddel og skrive navnet mitt i en bok. Jeg visste ikke lenger hva jeg gjorde. Banken svømte foran øynene mine.

«Er det satt inn?» spurte jeg med en hul, vibrerende stemme.

«Det er det,» sa regnskapsføreren.

«Da vil jeg trekke en sjekk.»

Min idé var å ta ut seks dollar til bruk her og nå. Noen ga meg et sjekkhefte gjennom en luke, og en annen begynte å fortelle meg hvordan jeg skulle skrive den ut. Folk i banken fikk inntrykk av at jeg var en invalid millionær. Jeg skrev noe på sjekken og stakk den inn til ekspeditøren. Han så på den.

«Hva? Skal du trekke ut alt igjen?» spurte han overrasket.

Da gikk det opp for meg at jeg hadde skrevet femtiseks i stedet for seks. Jeg var for langt borte til å resonnere nå. Jeg hadde en følelse av at det var umulig å forklare saken.

Alle funksjonærene hadde sluttet å skrive for å se på meg.

Hensynsløs av elendighet kastet jeg meg ut i det.

«Ja, hele greia.»

«Har du tatt ut pengene dine fra banken?»

«Hver eneste cent.»

«Skal du ikke sette inn mer?» sa ekspeditøren forbauset.

«Aldri.»

Et idiotisk håp slo meg om at de kanskje ville tro at noe hadde fornærmet meg mens jeg skrev sjekken, og at jeg hadde ombestemt meg. Jeg gjorde et elendig forsøk på å se ut som en mann med et fryktelig raskt temperament.

Ekspeditøren gjorde seg klar til å betale pengene. «Hvordan vil du ha det?» sa han.

«Hva?»

«Hvordan vil du ha det?»

«Åh» - jeg skjønte hva han mente, og svarte uten å tenke meg om - »i femtiere.»

Han ga meg en femti-dollarseddel.

«Og sekseren?» spurte han tørt.

«I seksere,» sa jeg.

Han ga meg den, og jeg skyndte meg ut.

Idet den store døren svingte bak meg, hørte jeg ekkoet av et latterbrøl som nådde helt opp til taket i banken.

Siden da har jeg ikke satt penger i banken mer. Jeg har pengene mine i kontanter i bukselommen og sparepengene mine i sølvdollar i en sokk. (6)

*Herr Leacock stakk hånden ned i bukselommene, trakk ut noen kanadiske sedler og klirret litt småpenger. Et jordekorn spredte seg over stien i håp om at det var mat å få - men ikke en brødskorpe var i sikte.*

**Q:** Hva er humor?

**A:** Humor i sin høyeste betydning og i sin videste rekkevidde ... er ikke avhengig av verbale uoverensstemmelser, eller av syns- og hørselstriks. Den finner sitt grunnlag i selve livets inkongruens, i kontrasten mellom dagens bekymringer og småsorger og morgendagens lange mysterium.

Her går latter og tårer i ett, og humoren blir kontemplasjon og fortolkning av vårt liv. (7)

**Spørsmål:** Har du noen råd til håpefulle humorister?

**A:** Forsøk aldri å være morsom, for det er en forferdelig forbannelse. Her er en verden som går i stykker, og jeg er bekymret. Men når jeg stiller meg opp foran et publikum for å fremføre mine alvorlige tanker, begynner de å le. Jeg har blitt annonsert for dem som morsom, og de nekter å akseptere meg som noe annet. (8)

**Spørsmål:** Jeg er fascinert av studiene dine om utdanning og de første skoleårene, fordi sønnen min går i barnehagen. Kan du fortelle litt om hva du har funnet ut på det området?

**A:** I mange århundrer var grunnskoleundervisningen i stor grad basert på ideen om at det å skåne barnet med spanskrøret skjemte det bort, og at den raskeste måten å nå det ungdommelige intellektet på var nedenfra og opp. Men på den annen side husker man Rousseaus lille «Emile» som vandrer blant blomstene, og fremveksten av barnehagen - barnas hage, som har steget fra spedbarnsalderen og oppover i hele vårt utdanningssystem.

Fra min egen barndom i England husker jeg en liten grunnbok som het «Reading without Tears». Dette ble den gang betraktet som en gledelig nyvinning. (9)

**Spørsmål:** Kanskje du kan forklare litt mer?

**A:** Med andre ord prøver jeg å si at i mye av vår utdanning (i hvert fall i praksis) er det raskere å gå fra det ukjente til det kjente. Å gå ad obscurum per obscurius er ofte like nyttig som å gå gjennom en tunnel for å slippe å gå rundt et fjell. (10)

I vår tid kan vi ikke overlate utdannelsen til individets ønske om å vite og individets egeninteresse i å vite. Utdanning kan ikke overlates til seg selv. De skapende kunstartene maleri, skulptur og musikk kan i stor utstrekning overlates til seg selv uten annen anerkjennelse fra stat og lov enn en generøs økonomisk støtte. Men utdannelsen må av åpenbar nødvendighet være under konstant omsorg og detaljert regulering av samfunnet som helhet. De mangler som måtte finnes, må innrømmes og møtes eller reduseres så godt vi kan. (11)

**Spørsmål:** Du har holdt mange foredrag. Hva er ditt mest minneverdige øyeblikk?

**A:** Det er én opplevelse fra min turné som foredragsholder jeg alltid vil kunne se tilbake på med tilfredshet. Jeg hadde nesten gleden av å drepe en mann med latter, og det i bokstavelig forstand. Amerikanske forelesere har ofte drømt om å gjøre dette. Jeg gjorde det nesten.

Mannen det var snakk om, var en behagelig apoplektisk utseende mann med et slikt muntert, rubinrødt ansikt som man ser i land der de ikke har forbud. Han satt bakerst i salen og lo høyt.

Plutselig gikk det opp for meg at noe var i ferd med å skje. Mannen hadde falt sidelengs ned på gulvet, en liten gruppe menn samlet seg rundt ham, de løftet ham opp, og jeg kunne se at de bar ham ut, en taus og inert masse.

Som om det var min plikt, fortsatte jeg med foredraget mitt. Men hjertet mitt banket høyt av tilfredshet. Jeg var sikker på at jeg hadde drept ham.

De kan kanskje bedømme hvor høyt dette håpet steg da det et øyeblikk eller to senere ble overlevert en lapp til møtelederen, som da ba meg om å ta en pause i foredraget, reiste seg og spurte: «Er det en lege blant tilhørerne?»

En lege reiste seg og gikk stille ut.

Foredraget fortsatte, men det var slutt på latteren; mitt mål var nå blitt å drepe enda en av dem, og de visste det. De var klar over at hvis de begynte å le, kunne de dø.

Etter noen minutter fikk formannen en ny lapp. «Vi trenger en lege til», sa han alvorlig. Foredraget fortsatte i dypere stillhet enn noen gang. Alle tilhørerne ventet på en tredje kunngjøring. Den kom.

En ny beskjed ble overlevert til formannen. Han reiste seg og sa: «Hvis herr Murchison, begravelsesagenten, er blant tilhørerne, vil han være så vennlig å gå utenfor.»

Den mannen ble dessverre frisk. (12)

**Q:** Finnes det noe verre enn å ha en heckler blant publikum?

**A:** Ja! Jeg opplever for eksempel at uansett hvor jeg går, sitter det alltid en taus mann i salen, omtrent tre seter fra fronten, med et stort, urørlig ansikt som en melon. Han er alltid der. Jeg har sett den mannen i alle byer fra Richmond, Indiana, til Bournemouth til Hampshire. Han hjemsøker meg. Jeg begynner å forvente ham. Jeg har lyst til å nikke til ham fra podiet. Og jeg opplever at alle andre foredragsholdere har den samme erfaringen. Uansett hvor de går, er mannen med det store ansiktet alltid der. Han ler aldri; uansett om folk rundt ham er skrekkslagne av latter, sitter han der som en stein - eller, nei, som en padde - urørlig.

Hva han tenker, vet jeg ikke. Hvorfor han kommer til forelesninger, kan jeg ikke gjette meg til. (13)

**Spørsmål:** Du har holdt foredrag over hele verden. Har du noen inntrykk du vil dele?

**A:** Jeg har store vanskeligheter med å ta imot inntrykk, og jeg har ikke den samme lettheten til å plukke dem opp som britiske forfattere har når de skriver om Amerika. Jeg husker at Hugh Walpole fortalte meg at han knapt kunne gå nedover Broadway uten å få inntrykk for minst tre dollar, og på Fifth Avenue for fem dollar; og jeg husker at St. John Ervine kom opp til meg i Montreal, drakk en kopp te, lånte litt tobakk og gikk derfra med inntrykk av kanadisk liv og karakter for seksti dollar. (14)

**Spørsmål:** Kanskje jeg kan snevre det inn for deg da? Hva var ditt inntrykk av London, England?

**Svar: En** langt dypere mening får man ved å se på de store historiske monumentene i byen. De viktigste av disse er Tower of London, British Museum og Westminster Abbey.

Ingen besøkende til London bør unnlate å se disse. Faktisk burde han føle at hans besøk i England er bortkastet hvis han ikke har sett dem.

Jeg snakker sterkt om dette punktet fordi jeg føler sterkt for det.

For meg er det noe med den dystre fascinasjonen ved det historiske Tower, den innesluttede stillheten i museet og majesteten i det gamle klosteret som gjør at jeg kommer til å angre hele livet på at jeg ikke fikk sett noen av de tre. Det var meningen, men jeg mislyktes, og jeg kan bare håpe at omstendighetene rundt min fiasko kan være til hjelp for andre besøkende. (15)

**Q:** Du fikk ikke sett noen av disse must-see stedene? Mr. Leacock, hvorfor ikke?

**A:** Tower of London hadde jeg absolutt tenkt å inspisere. Hver dag skrev jeg, som enhver turist, en liten liste over ting jeg skulle gjøre, og jeg satte alltid Tower of London på den. Leseren vet utvilsomt hva slags liste jeg mener. Den ser slik ut

1. Gå i banken.
2. Kjøpe en skjorte.
3. Nasjonalt bildegalleri.
4. Barberblader.
5. Tower of London.

6. Såpe.

Denne reiseruten ble dessverre aldri gjennomført i sin helhet. (16)

**Q:** Kanskje du foretrakk å gå i ett med mengden - slik at folk ikke kunne leke turist?

**A:** Londonere er jo bare som resten av verden, når de ikke ser sine egne underverker. Folk som bor i Buffalo ser aldri Niagarafallene, folk i Cleveland vet ikke hvor Mr. Rockefellers hus ligger, og folk lever og dør til og med i New York uten å gå opp på toppen av Woolworth Building.

Og uansett, fortiden er fjern, og nåtiden er nær.

Jeg kjenner en drosjesjåfør i Quebec som har som livsoppgave å kjøre folk opp til Abrahams sletter, men med mindre de plager ham med å gjøre det, viser han dem ikke stedet der Wolfe falt: Det han derimot viser frem med ekte iver, er stedet der borgermesteren og byrådet satt på treplattformen som de satte opp til kommunefesten en sommer. (17)

Mr. Leacock begynte å tone inn og ut, mens regnet begynte å pøse ned over oss som om vi befant oss midt i en storm. Han smilte mens han bøyde seg ned og plukket opp noen sprø lønneblader. Han så på de glødende fargene og var tydelig overrasket over hvor levende de så ut til å være, selv om de ikke lenger var en del av treet. Han satte dem til nesen, pustet dypt inn og tok til seg duften. Et ekorn kvitret over oss og prøvde å fange oppmerksomheten vår mens Leacock stakk bladene i lommen og forsvant ut av syne.

Jeg løp tilbake til bilen, der madame Delatour allerede hadde søkt ly. Hun satt inne i bilen med dugg på vinduene og hørte på «Barry Manilow's Greatest Hits».

Snart var vi på vei ut av Gatineau Hills, etter å ha hatt gleden av å møte Stephen Leacock på et svært uventet tidspunkt og sted.

*Leacock har et svært omfattende forfatterskap bak seg, med essays om økonomi og mange andre emner. Jeg håper dette intervjuet bare har vekket appetitten din, og kan personlig gå god for følgende:*

Literary Lapses

Solskinnsskisser fra en liten by

Arkadiske eventyr med de uvirksomme rike

Ytterligere tåpeligheter

Frenzied Fiction

Hvordan man introduserer to mennesker for hverandre

Korte kretsløp

Den tørre Pickwick

De siste bladene

Min oppdagelse av England

Humor: Dens teori og teknikk,

Med eksempler og prøver; En bok om oppdagelser

Gutten jeg etterlot meg

Hallusinasjonen om herr Butt

Min bemerkelsesverdige onkel

Den retroaktive eksistensen til Mr. Juggins

Den kanadiske historiens morgengry: En krønike om Canadas urbefolkning

Månestråler fra den store galskapen

Nonsensromaner

En diskusjon om frihet og tvang i utdanningen

Bak det hinsidige

Fiksjon og virkelighet.

**På gjensyn til neste gang!**

**Cathy McGough**

**Din intervjuer av legendariske forfattere fra det hinsidige**

# KIPLING DOWN UNDER IGJEN

NOK EN UKE HAR gått. Jøss, hvor har tiden blitt av?

I denne ukens intervju skal vi tilbake i tid. Tilbake, tilbake, til det øyeblikket da madame Delatour brakte Rudyard Kipling inn i hjemmet mitt.

Kipling skrev et dikt som ble min hymne i de vanskelige tenårene. Jeg hadde det på veggen på soverommet mitt på en gigantisk plakat, og jeg kan det fortsatt utenat:

**DET KAN GJØRES**

HVIS du kan holde hodet kaldt når alle rundt deg
mister sitt og skylder på deg,

HVIS du kan stole på deg selv når alle menn tviler på
deg,

Men ta hensyn til deres tvil også;

Hvis du kan vente og ikke bli sliten av å vente,

Eller å bli løyet om, ikke handle med løgner,

Eller å bli hatet, ikke gi etter for hat,

Og likevel ikke se for god ut, og ikke snakk for klokt:

Hvis du kan drømme - og ikke gjøre drømmene til din herre;
Hvis du kan tenke - og ikke gjøre tankene til ditt mål,
Hvis du kan møte triumf og katastrofe
Og behandle de to bedragerne på samme måte
OM du kan tåle å høre sannheten du har sagt
Forvrengt av skurker for å lage en felle for dårer,
Eller se det du har gitt livet ditt til, bli ødelagt,
Og bøye seg og bygge dem opp med utslitte verktøy;
Hvis du kan lage en haug av alle dine gevinster
Og risikere det på en sving av pitch-and-toss,
Og tape, og begynne på nytt fra begynnelsen
Og aldri puste et ord om tapet ditt;
Hvis du kan tvinge ditt hjerte og nerve og sener
Til å tjene din tur lenge etter at de er borte,
Og så holde fast når det ikke er noe i deg
Bortsett fra viljen, som sier til dem: «Hold ut!»
Hvis du kan snakke med folkemengder og beholde din dyd,
Eller vandre med konger - og ikke miste den felles berøring,
Hvis verken fiender eller kjærlige venner kan skade deg,
Hvis alle mennesker teller med deg, men ingen for mye;
HVIS du kan fylle det uforsonlige minutt
Med seksti sekunders løping,
Din er jorden og alt som er i den,
Og - hvilket er mer - du blir en mann, min sønn! (1)

Hvem kan ikke - VIL IKKE - bli inspirert av disse ordene?

Rudyard Kipling ble født 30. desember 1865, og han tilbrakte sin barndom i Bombay i India.

Akkurat da kom Mr. Kipling gående ut på balkongen, og jeg ønsket ham velkommen til mitt hjem i Sydney i Australia.

Jeg ba ham om å sette seg ned og bød ham på et glass av Australias beste portvin. Han tok imot et glass, og jeg skjenket et til meg selv, og så skålte vi for skjærene - vårt eneste publikum.

**Spørsmål:** Hvordan kom du på at huset ditt skulle hete «Naulahka»?

**A:** «Naulahka» er hentet fra en roman jeg skrev i samarbeid med min svoger Wolcott-Balestier. Det betyr «juvelen». Min kone Caroline og jeg syntes navnet passet perfekt til bungalowen vi hadde bygget i Brattleboro i Vermont i 1892. Vi bodde der med stor glede i nesten fem år. (2)

**Spørsmål:** Har du alltid likt å lese?

**A:** Jeg var nærsynt fra fødselen av, men som guttunge leste jeg uavbrutt og altetende et utall av gamle dramatikere ... Hakluyts reiser, franske oversettelser av moskovittiske forfattere som Pusjkin og Lermontov.

Da far og mor hørte at jeg kunne lese, sendte de meg uvurderlige bind. Ett av dem beholdt jeg hele livet, et innbundet eksemplar av «Aunt Judy's Magazine» fra begynnelsen av syttitallet, der «Mrs. Ewing's Six to Sixteen» sto.

Jeg skylder den fortellingen mer enn jeg kan fortelle. Jeg kunne den, slik jeg fortsatt kan den, nesten utenat. Her var en historie om virkelige mennesker og virkelige ting. Den var bedre enn Knatchbull-Hugessens «Tales at Tea-time». Til og med bedre enn «The Old Shikari» med sine stålstikk av angripende griser og sinte tigre.

På et annet plan lå et gammelt magasin med Scotts «I climbed the dark brow of the mighty Helvellyn». Jeg visste ingenting om betydningen, men ordene beveget og gledet meg. Det samme gjorde andre utdrag fra dikt av A. Tennyson.

Da min far sendte meg «Robinson Crusoe» med stålstikk, begynte jeg alene som handelsmann med villmenn (vrakdelene i fortellingen interesserte meg aldri særlig), i et muggent kjellerrom hvor jeg holdt til i min ensomhet. Apparatet mitt var et kokosnøttskall spent på en rød snor, en blikkstamme og et stykke pakkhus - som holdt enhver annen verden borte. Slik inngjerdet var alt innenfor gjerdet ganske virkelig, men blandet med lukten av fuktige skap. Hvis plankebiten falt ned, måtte jeg begynne magien på nytt. Siden har jeg lært av barn som leker mye alene, at denne regelen om å begynne på nytt i en liksomlek ikke er uvanlig. Magien ligger nemlig i ringen eller gjerdet som man søker tilflukt i. (3)

**Q:** Jeg har forstått det slik at dere kjøpte noe kanadisk land på bryllupsreisen?

**A:** Caroline og jeg giftet oss i kirken på Langham Place - Gosse - og noen dager etterpå var vi på vårt magiske teppe, som skulle ta oss jorden rundt, og vi begynte med Canada, som lå dypt i snø.

Blant bryllupsgavene våre var en sjenerøs sølvflaske fylt med whisky, men av inkontinent vane. Den lekket i kofferten der den lå sammen med flanellskjorter. Og det luktet i hele Pullman fra ende til annen før vi kom frem til årsaken. På det tidspunktet syntes alle våre medpassasjerer synd på den stakkars jenta som hadde knyttet sitt liv til denne skamløse drankeren.

I en falsk atmosfære, som var helt vår egen, kom vi til Vancouver, hvor vi med tanke på fremtiden og for å bevise vår rikdom kjøpte, eller trodde vi hadde kjøpt, tjue mål av et villmarksområde som het North Vancouver, som nå var en del av byen.

Men det var en hake ved saken, noe vi fant ut mange år senere, da vi etter å ha betalt skatt på det så lenge, oppdaget at det tilhørte noen andre. Den eneste trøsten vi fikk fra de smilende innbyggerne i Vancouver den gang, var

«Du kjøpte den av Steve, ikke sant? Ah-ah, Steve! Du skulle ikke ha kjøpt den av Steve. Nei, ikke fra Steve. Ikke fra Steve.»

Og slik kurerte den gode Steve oss for å spekulere i fast eiendom. (4)

**Q:** Vennligst godta mine unnskyldninger (som en kanadisk av fødsel) for Steves misbruk av dine midler. Kanskje Steve var en dyrerettighetsaktivist og hørte at du hadde en lidenskap for jakt?

**Svar:** Jeg gikk på jakt i skogen, ikke med gevær, men med «øynene». Jeg elsket skogen for skogens egen skyld og ikke for slaktingens skyld. Det var ingenting som var så herlig som den sol- og furudryppende parfymen på landsbygda i New England. Spesielt om sommeren. New England-sommeren har kreolsk blod i årene. (5)

**Q:** Du var en vellykket journalist i India, og håpet å kunne fortsette karrieren da du flyttet til USA. Men redaktøren i «The Examiner» var ikke akkurat samarbeidsvillig.

**A:** Jeg var 24 år gammel og hadde skrevet i noen år. Jeg hadde allerede skrevet «The Man Who Would Be King».

Redaktøren sa i alle fall til meg: «Jeg beklager, Mr. Kipling, men du vet rett og slett ikke hvordan man bruker det engelske språket. Du får unnskylde at jeg er så direkte, men «The Examiner» er ikke en barnehage for amatørskribenter. (6)

**F:** Au da, det må ha gjort vondt! Men du ble alltid ønsket velkommen og beundret i Australia. Australia hedrer faktisk fortsatt ditt besøk her i 1821 med en plakett på Circular Quay. Hvordan husker du Australia?

**Svar:** Mine minner fra reiser i Australia er blandet sammen med tog som på ugudelige tider fraktet meg fra den ene altfor eksklusive sporvidden til den andre; med enorme himler og primitive forfriskningsrom, der jeg drakk varm te og spiste fårekjøtt, mens det av og til blåste en varm vind, som om den kom fra Punjab, ut av tomheten. Jeg dro også til Sydney, som var befolket av velstående skarer, alle i skjorteermer og alle på piknik hele dagen. (7)

**Spørsmål:** Jeg vil gjerne høre deg resitere et dikt. Kunne du tenke deg å lese «Cities, Thrones and Powers» - en annen av mine favoritter.

**A:** Utmerket valg!

**BYER TRONER OG MAKTER**

Byer og troner og makter

Stå i tidens øye,

Nesten like lenge som blomster,

Som daglig dør:

Men som nye knopper springer ut

Til glede for nye mennesker,

Av den brukte og ugjennomtenkte jord

Byene stiger opp igjen.

Denne sesongens påskelilje,

Hun hører aldri

Hvilken forandring, hvilken sjanse, hvilken kulde,

Kuttet ned fjorårets;

Men med frimodig ansikt,

Og kunnskap liten,

Anser sin syv dagers fortsettelse,

For å være evig.
Så, tid som er o'er-kind
Til alt som er,
Bestemmer oss like blinde,
Like dristig som hun:
At i vår død,
Og begravelse sikker,
Skygge til skygge, vel overbevist, sier,
«Se hvordan våre gjerninger består!» (8)

**Spørsmål:** Så sant! Og apropos tidsstyring, hadde du en streng daglig skriverutine?

**A:** Jeg arbeidet hver dag fra kl. 09.00 til 13.00 ved skrivebordet mitt. Jeg ble aldri forstyrret, for for å komme inn i arbeidsværelset mitt måtte man gå gjennom et mindre rom - det ble kalt dragekammeret - der min kone satt med strikkepinnene sine og holdt et våkent øye med eventuelle uvelkomne inntrengere. Det var der jeg skrev: «Kaptein Modig» og de to jungelbøkene. Så fru Kiplings årvåkenhet ble ikke ubelønnet. (9)

**Spørsmål:** Jeg leste et sted at hvis du skriver på nøyaktig samme tid og sted hver dag, så vil musa alltid vite hvor og når hun kan finne deg. Er du enig i det?

**A:** Litteraturens magi ligger i ordene, og ikke i noe menneske. Tusen utmerkede, anstrengende ord kan gjøre oss helt kalde eller få oss til å sovne, mens bare et halvt hundre ord som en mann pustet inn i sin smerte, i sin opphøyelse eller i sin slediggang for ti generasjoner siden, fremdeles kan føre hele nasjoner inn og ut av fangenskap, kan åpne dørene til de tre verdener for oss, eller røre oss så uutholdelig at vi knapt kan holde ut å se på vår egen sjel. Det er et mirakel - et mirakel som skjer svært sjelden. Men i det skjulte har hver og en av de herreløse menneskene med ordene håp, eller har hatt håp, om at mirakelet kan skje igjen gjennom ham. (10)

**Spørsmål:** Hva er dine tanker om fiksjonens opprinnelse?

**A:** Fiksjon oppsto da en mann fant opp en historie om en annen mann. Den utviklet seg da en annen mann fortalte historier om en kvinne. Denne anstrengende epoken avfødte den første skolen av destruktiv kritikk, samt den første kritikeren, som brukte sitt korte, men levende liv på å prøve å forklare at en mann ikke trenger å være en høne for å bedømme en omelett. Han døde, men spørsmålet han reiste, er fortsatt aktuelt. De tidligste forfatterne arvet det fra sine ulærde forfedre, som også testamenterte dem hele arsenalet av ur-intriger og -situasjoner - de femti ultimate komediene og tragediene som gudene barmhjertig nok begrenser menneskelig handling og lidelse til. De fleste kunstarter innrømmer at det ikke er hensiktsmessig å fortelle alt til alle. Skjønnlitteraturen kjenner ingen slike skranker. Det finnes ingen menneskelige følelser eller stemninger som det er forbudt å angripe - det finnes ingen kanon av tilbakeholdenhet eller medlidenhet som må respekteres - i fiksjonen. Hvorfor skulle det være det?

Mannen forteller tross alt ikke sannheten. Han skriver bare fiksjon. Mens han skriver den, vil hans verden trekke ut akkurat så mye sannhet eller glede fra den som den trenger for øyeblikket. Med tiden kan litt mer, eller mye mindre, av det som er igjen, bli overført til den generelle beretningen, og der kanskje bli brukt til formål som forfatteren aldri hadde drømt om. (11)

**Spørsmål:** Det går en historie om at du skal ha gitt bort manuskriptet til «Jungelboken» til et medlem av husstanden din. Er det sant?

**A:** Det ble gitt i gave til en sykepleier som hadde tatt seg av mitt førstefødte barn. Jeg rådet henne til å ta med seg manuset, og hvis hun en dag trengte penger, kunne hun kanskje selge det til en god pris.

Flere år senere, da hun trengte det, solgte hun det og levde godt resten av livet. (12)

**Spørsmål: For** en sjenerøs gest. Hva syntes du om å bli kurtisert av «Ladies Home Journal»?

**A:** Ikke i det hele tatt. Millioner av lesere likte «Jungelboken», og jeg fikk flere tilbud fra magasiner enn jeg var i stand til å akseptere.

En gang ba redaktøren for «Ladies Home Journal», Edward W. Bok, meg om å skrive en historie for bladet hans. Jeg mislikte bladet, og ba derfor om et ublu honorar for historien i håp om å skremme bort redaktøren.

Bok gikk imidlertid med på prisen, så jeg skrev historien om «Vilhelm Erobreren», kastet den i postkassen og trodde at saken var over. Men det var det ikke.

Noen dager senere fikk jeg et brev fra Bok, der han skrev at historien var «utmerket», men om jeg kunne gjøre en «mindre, men nødvendig endring i teksten»?

Historien inneholdt en referanse til whisky og champagne, to drikker som var tabu i «Ladies Home Journal». Bok spurte om jeg ville «være så elskverdig å erstatte dem med et par mildere drikker».

Jeg svarte prompte med Nei, Mr. Kipling ville ikke være elskverdig nok. Enten tar du whiskyen, eller så returnerer du historien.

Til slutt publiserte Bok historien slik jeg hadde skrevet den. Dermed var jeg den første mannen som noensinne hadde fått æren av å skjenke et glass whisky på sidene i «Ladies Home Journal». (13)

**Spørsmål:** Har du noen råd å gi til forfattere i fremtiden?

**A:** Gjør din plikt, lev stoisk, lev rent, lev muntert. (14)

Kipling forsvant øyeblikkelig, uten tid til et nikk eller et farvel.

*Hvis du ikke har lest Kiplings verker, har du virkelig noe å glede deg til. Ta en titt på disse til å begynne med - og snart vil du ønske deg mer og mer:*

Mannen som ville bli konge

Naulahka - En historie om vest og øst

Jungelboken

Kaptein Courageous

Dagens arbeid

Kim
En bok av ord
Noe av meg selv
Avdelingsvise
Et barns hage
En sannhetens legende
Englens time
Katten som gikk for seg selv
En pilegrims vei
**Poi carukiren!**
**Cathy McGough**
**Din intervjuer av legendariske forfattere fra det hinsidige**

# DICKENS OG TELETUBBY HILLS

Velkommen mine venner til ukens intervju med en av verdenshistoriens største forfattere: Mr. Charles Dickens. Det blir stille i salen!

Dere skal få møte en mann som klarte å skrive ikke bare én roman, ikke to romaner, men TRE romaner på ett eneste år! Dickens stoppet ikke der heller! Han redigerte også et magasin og skrev en operette på «fritiden». (1) Musa hans var sannelig opptatt!

Jeg tror ikke noen ville være uenig med meg hvis jeg kåret Dickens som vinner i kategorien Berømte første replikker. Mens vi venter på Dickens' ankomst, la oss se om du kan identifisere verket denne replikken kommer fra:

Jeg er født. (2)

Kjenner du den? Kanskje du trenger et lite hint? Vær så god:

Om jeg blir helten i mitt eget liv, eller om det blir noen andre som blir det, må disse sidene vise. (3)

Har du gjettet det? Ja, du har rett hvis du trodde replikken var hentet fra «David Copperfield», som første gang ble utgitt i 1869.

Det er snart tid for herr Dickens å vise seg, og jeg er på vei mot stedet der intervjuet vårt skal gjennomføres. Her vil Dickens og jeg være omgitt av Australias naturskjønnhet: praktfulle tyggegummitrær, Cooks River, Tele-tubby-lignende åser, en park og en ledig fotballbane.

Charles Dickens ble født i Lanport i grevskapet Hampshire i England 7. februar 1812. Da faren kom i økonomiske vanskeligheter som barn, arbeidet Charles på en Blacking Factory mens familien ble plassert i et gjeldsfengsel i 1824. Etter en vanskelig barndom gikk han på Wellington Academy i London, hvor han fikk en viss utdannelse og senere ble reporter.

Der kommer Dickens gående i min retning over den tomme fotballbanen.

Han virket noe forundret over omgivelsene, og mens jeg betraktet ham, lurte jeg på hvor i all verden madame Delatour var. Hun fikk ikke herr Dickens til å føle seg særlig velkommen, siden hun ikke var å se noe sted.

Da jeg innså at han var helt alene, reiste jeg meg fra trebenken og gikk bort til ham. Etter hvert som vi kom nærmere og nærmere hverandre, la jeg merke til hans merkelige utseende.

Jeg visste ikke hvor jeg skulle se, så jeg stirret i det fjerne, og der fikk jeg øye på madame, som gjemte seg bak et tre og fniste. Noen ganger kan hun være veldig uhøflig!

Herr Dickens rakte ut hånden mot meg og sa

En blomst som våkner til liv - det var det blikket jeg prøvde å få til. Hvordan klarte jeg meg? (4)

*Jeg vurderte intensjonen hans og tok inn utseendet hans fra topp til tå. Han hadde tross alt bedt om min mening. Hans ildrøde hår, skjegg og bart. Den knallgrønne vesten hans. De lavendelfargede buksene. Det skarlagenrøde slipset. De strålende øynene hans. (5)*

Jeg forsikret ham om at han hadde lykkes, for fugler og bier lyver aldri.

Tilfreds med seg selv la han armen under min, mens vi gikk mot parkbenken. Så spurte herr Dickens:

Hva kan jeg stå til tjeneste med, kjære frue?

**Q:** Først av alt, takk for at du kom til meg i dag. Mange forfattere tror at man må ha opplevd ting selv for å kunne skrive om dem. Var «Oliver Twist» selvbiografisk?

**A:** Min far ble sendt i gjeldsfengsel i tre måneder på grunn av en gjeld på 40 pund. Fordi vi var så fattige, ble jeg som tolvåring sendt til en svertefabrikk. Det var der jeg møtte min «Fagin». Den lå i en gammel, råtten bygning i nærheten av Hungerford Stairs. Jeg passet ikke inn der, og uten utdannelse visste jeg at jeg var dømt til en håpløs rutine som lønnsslave. Jeg var der bare i fem måneder, men som barn følte jeg at jeg kom til å være der for alltid. (6)

**Spørsmål:** Hvordan ser du tilbake på den perioden av livet ditt?

**A:** Jeg synes det er fantastisk at jeg så lett kunne bli kastet bort i en så ung alder. Det er forunderlig for meg at ingen, selv etter at jeg var blitt den stakkars lille slaraffen jeg hadde vært siden vi kom til London, hadde medlidenhet nok med meg - et barn med enestående evner, rask, ivrig, sart og snart skadet kroppslig eller mentalt - til å antyde at noe kunne ha vært spart, som det sikkert kunne ha vært, ved å plassere meg på en hvilken som helst vanlig skole. (7)

**Q:** Så du skapte en karakter som du kunne identifisere deg med, samtidig som du informerte leserne dine?

**A:** Jeg ville at det skulle være en fortelling om tingene slik de virkelig er. «Oliver Twist» var et sosialt dokument, en avsløring av de fattiges og de fredløses redsler. Jeg ønsket å vise de skremmende forholdene på fattighuset, forårsaket av fattigloven av 1834, en lov som skulle gjøre fattighjelp så lite attraktiv at bare de mest desperate ville ty til den. Filosofien bak fattigloven var at de fattige strømmet til fattighuset fordi de likte å være der, en holdning som var latterlig.

Derfor beskrev jeg det slik: et regelmessig sted for offentlig underholdning ... et vertshus der det ikke var noe å betale for; en offentlig frokost, middag, te og kveldsmat året rundt; et mursteinsbelagt Elysium. Den nye loven gjorde rasjonene så magre at de fattige ville sulte fortere på fattighuset enn utenfor. På menyen sto blant annet Tre måltider tynn velling om dagen, med en løk to ganger i uken, og et halvt rundstykke om søndagen. (8)

**Q:** Hvordan kom du på å skrive «A Tale of Two Cities»?

**A:** Da jeg spilte sammen med mine barn og venner i Wilkie Collins' drama «Det frosne dypet», fikk jeg den første ideen til historien. Jeg hadde et sterkt ønske om å legemliggjøre den i min egen person, og i fantasien min sporet jeg opp den sinnstilstanden som ville være nødvendig for å presentere den for en oppmerksom tilskuer, med særlig omhu og interesse.

Etter hvert som ideen ble kjent for meg, formet den seg gradvis til sin nåværende form. Under hele utførelsen var jeg fullstendig i besittelse av den; jeg bekreftet det som ble opplevd på sidene, slik jeg hadde opplevd det hele selv. (9)

**Spørsmål:** «David Copperfield» er en fengslende roman fra begynnelse til slutt. Hvor lang tid tok det deg å skrive den?

**A:** Det ville kanskje ikke interessere leseren å vite hvor trist det er å legge fra seg pennen etter to års fantasifullt arbeid, eller hvordan en forfatter føler det som om han sender en del av seg selv ut i skyggeverdenen, når en mengde av hjernens skapninger forsvinner fra ham for alltid. Likevel hadde jeg ikke noe annet å fortelle, med mindre jeg skulle tilstå at ingen noensinne kan tro mer på fortellingen når man leser den, enn jeg trodde på den da jeg skrev den. (10)

**Spørsmål:** Mange har sammenlignet det å skrive en roman med det å føde et barn ... De to årene med hardt arbeid brakte utvilsomt en minneverdig karakter til verden.

**A:** Av alle bøkene mine liker jeg den best. Det er lett å tro at jeg er en kjærlig forelder til alle mine fantasibarn, og at ingen noen gang kan elske den familien så høyt som jeg elsker dem. Men som mange andre foreldre har jeg et yndlingsbarn i mitt hjerte. Og hans navn er David Copperfield. (11)

**DAVID COPPERFIELD**

Kapittel 1

Jeg er født.

Om jeg skal vise meg å være helten i mitt eget liv, eller om den posisjonen skal innehas av noen annen, må disse sidene vise. For å begynne med begynnelsen av mitt liv, vil jeg fortelle at jeg ble født (slik jeg har fått opplyst og tror) en fredag, klokken tolv om natten. Det ble bemerket at klokken begynte å slå, og jeg begynte å gråte, samtidig.

På grunn av dagen og timen for min fødsel, ble det erklært av sykepleieren, og av noen kloke kvinner i nabolaget som hadde fattet en livlig interesse for meg flere måneder før det var noen mulighet for oss å bli personlig kjent, for det første, at jeg var bestemt til å være uheldig i livet; og for det andre, at jeg var privilegert til å se spøkelser og ånder; begge disse gavene uunngåelig knyttet til, som de trodde, alle uheldige spedbarn av begge kjønn, født mot de små timene på en fredag kveld. (12)

**Spørsmål:** Herr Dickens, da du reiste til Nord-Amerika for første gang i 1842, hva er det du husker best fra den lange reisen?

**A:** Den tredje morgenen ble jeg vekket av et dystert skrik fra min kone, som ville vite om det var noen fare på ferde. Jeg åpnet øynene og kikket ut av sengen.

Vannkannen hoppet og spratt som en livlig delfin; alle de mindre gjenstandene fløt, bortsett fra skoene mine, som var strandet på en teppepose, høyt og tørt, som et par kull-lektere. Plutselig så jeg dem springe opp i luften, og se, speilet, som var spikret fast til veggen, satt fast i taket. Samtidig var døren helt forsvunnet, og en ny åpnet seg på gulvet. Da begynte jeg å forstå at kabinen sto på hodet. (13)

**Spørsmål:** Du og din kone må ha vært som forsteinet. Du som blir sjøsyk av å ta ferge over Sydney Harbour, hvordan reiste dere?

**A:** Ikke sjøsyk i vanlig forstand, jeg skulle ønske jeg hadde vært det, men i en form jeg aldri har sett eller hørt beskrevet, selv om jeg ikke er i tvil om at det er svært vanlig.

Jeg lå der hele dagen, ganske kjølig og tilfreds, uten noen følelse av tretthet, uten noe ønske om å stå opp, eller bli bedre, eller få luft; uten nysgjerrighet, eller omsorg, eller anger, av noe slag eller grad, bortsett fra at jeg tror jeg kan huske, i denne universelle likegyldigheten, å ha en slags lat glede - en djevelsk glede, hvis noe så sløvt kan være verdig tittelen - over det faktum at min kone var for syk til å snakke med meg. (14)

**Q:** Var det bedre å reise med jernbane?

**A:** I mil etter mil etter mil gikk vi i dype ensomheter, ubrutt av ethvert tegn på menneskelig liv eller spor av menneskelige fotspor; heller ikke så vi noe annet enn blåskrika, hvis farge var så lys, og likevel så delikat, at den så ut som en flygende blomst. (15)

**Q:** Å ja, blåskrika. For et perfekt bilde du har malt. Kan du dele dine minner fra et av de vakreste stedene i verden, Niagarafallene?

**A:** Da jeg nærmet meg fossen på fergen, da følte jeg hvor nær min Skaper jeg sto, og den første og varige virkningen - umiddelbar og varig - av det enorme synet, var fred og ro i sinnet: Stillhet: Rolige erindringer om de døde: Store tanker om evig hvile og lykke, ingenting av dysterhet og redsel. Niagara ble med ett stemplet inn i mitt hjerte, et bilde av skjønnhet, som skulle forbli der, uforanderlig og uutslettelig, til pulsen sluttet å slå, for alltid.

Å, som dagliglivets strid og problemer forsvant fra mitt synsfelt og ble mindre i det fjerne i løpet av de ti minneverdige dagene vi tilbrakte på den fortryllende grunnen!

Hvilke stemmer talte ikke fra det tordnende vannet, hvilke ansikter, som bleknet fra jorden, så ut på meg fra det skinnende dypet, hvilket himmelsk løfte glitret i englenes tårer, dråpene i mange nyanser, som dusjet rundt og slynget seg om de nydelige buene som den skiftende regnbuen laget!

Å vandre frem og tilbake hele dagen og se kataraktene fra alle synsvinkler; å stå på kanten av de store Horse Shoe Falls og se det hastige vannet samle krefter etter hvert som det nærmet seg kanten, men det så også ut til å stoppe opp før det skjøt ned i avgrunnen nedenfor; å se fra elvens nivå opp på strømmen mens den kom strømmende ned; å klatre opp på de nærliggende høydene og se den gjennom trærne, og se det kransende vannet i strykene som skyndte seg videre for å ta sitt fryktelige stup; å dvele i skyggen av de høytidelige klippene tre miles nedenfor; å se på elven mens den, uten noen synlig årsak, hevet seg og hvirvlet og vekket ekkoene, mens den ennå var urolig langt nede under overflaten, av sitt gigantiske sprang; å ha Niagara foran meg, opplyst av solen og av månen, rød i dagens nedgang, og grå når kvelden sakte falt over den; å se på den hver dag, og våkne opp om natten og høre dens uopphørlige stemme: dette var nok. (16)

**Spørsmål:** For en reise hjem, herr Dickens. Takk skal De ha! Har du noen råd til forfattere i 2003 og fremover?

**A:** Jeg vil bare si at jeg tror at ingen sann mann, som har noe å fortelle, trenger å ha den minste bekymring, verken for seg selv eller sitt budskap, foran et stort antall tilhørere - alltid forutsatt at han ikke er plaget av den coxcombiske ideen om å skrive ned til den folkelige intelligensen, i stedet for å skrive den folkelige intelligensen opp til seg selv, hvis han kanskje er over den; - og, forutsatt at han alltid gir klart uttrykk for hva som er i ham, noe som ikke synes å være noe urimelig krav, forutsatt at han har en eller annen dunkel plan om å gjøre seg forstått.». (17)

**Q:** Jeg er redd vår tid nærmer seg slutten. Vil du resitere et dikt for meg? Hvis du begynner å blekne, skal jeg fullføre det for deg.

*Da Dickens begynte å lese, dukket det opp barn, ett etter ett, fra den andre siden av de tele-tubby-lignende åsene. Først fniste de av den morsomme mannen, kledd som en blomst, og han blunket til dem. De samlet seg rundt ham og lyttet oppmerksomt:*

**A:** Dette diktet er til alle dere små, kom nærmere, jeg biter ikke.

*Han smilte da barna kom nærmere og ventet til alle satt stille, så begynte han:*

**BARNA**

Når alle timene er slutt,

Og skolen for dagen er avsluttet,

Og de små samles rundt meg

For å si god natt og bli kysset;

Å! De små hvite armene som omkranser

Min hals i en øm omfavnelse!
Å, smilene som er himmelens glorier
som kaster solskinn av glede på mitt ansikt!
Og når de er borte, sitter jeg og drømmer
Om min barndom, for skjønn til å vare;
Om kjærlighet som mitt hjerte husker godt
Når det våkner til fortidens puls,
Før verden og dens ondskap gjorde meg
En del av sorg og synd -
Da Guds herlighet var rundt meg
Og gleden i mitt indre.
Å! Mitt hjerte blir så svakt som en kvinnes
Og følelsens kilde vil flyte
Når jeg tenker på stien, bratt og steinete,
Hvor føttene til de kjære må gå;
På syndens fjell som henger over dem.
På skjebnens storm som blåser vilt;
Å! Det er intet på jorden som er halvt så hellig
Som et barns uskyldige hjerte.
De er avguder av hjerter og av husholdninger;
De er Guds engler i forkledning;
Hans sollys sover fremdeles i deres lokker,
Hans herlighet skinner fremdeles i deres øyne.
Å, de skulker hjemmefra og fra himmelen.
De gjør meg mer mandig og mild;
Og jeg vet nå hvordan Jesus kan likne
Guds rike med et barn.
Jeg ber ikke om et liv for de kjære,
Helt strålende, som andre har gjort;

Men at livet kan ha akkurat nok skygge
Til å dempe solens gjenskinn.
Jeg ville be Gud om å beskytte dem mot det onde
Men min bønn ville bundet tilbake til meg selv
En seraf kan be for en synder,
Men en synder må be for seg selv.
Kvisten er så lett å bøye,
Jeg har forvist regelen og staven;
Jeg har lært dem kunnskapens godhet,
De har lært meg Guds godhet.
Mitt hjerte er et fangehull av mørke;
Når jeg dem stenger dem fra å bryte en regel;
Min rynke er tilstrekkelig korreksjon -
Min kjærlighet er skolens lov.
Jeg skal forlate det gamle huset til høsten
For ikke mer å gå over dets terskel.
Å, hvor jeg skal sukke etter de kjære
Som møter meg hver morgen ved døren!
Jeg vil savne «god natt» og kyssene,
Og deres uskyldige glede,
Gruppen på det grønne, og blomstene
Som hver morgen bringes til meg.

*I påvente av herr Dickens' snarlige avreise, førte madame Delatour ham bort. Jeg fortsatte å lese:*

Jeg vil savne dem om morgenen og om kvelden,
Deres sanger i skolen og på gaten;
Jeg vil savne den lave summen av stemmene deres,
Og trampet av deres fine føtter
Når alle timer og oppgaver er over,

Og døden sier: «Skolen er sluttet.»

Måtte de små samles rundt meg

For å si meg god natt og bli kysset. (18)

Barna og foreldrene applauderte samtidig. Jeg bukket og fortsatte på vei hjemover.

En del av hjertet mitt følte seg urolig da jeg ruslet langs den vanlige stien min, som slynget seg rundt Cooks River. Bølgene spratt opp, tilsynelatende for å fange oppmerksomheten min. Jeg så dem skvulpe mot bredden, men ignorerte deres opptreden. Hjertet mitt lengtet etter Niagara. Og i dag var det ingenting som kunne stille den lengselen.

*Følgende romaner vil gi deg lyst på mer*:

Oliver Twist

Nicholas Nickleby

Den gamle kuriositetsbutikken

En julefortelling

David Copperfield

En fortelling om to byer

Store forventninger

Amerikanske sedler for alminnelig sirkulasjon

Sangen om vraket

En historie om en skolegutt

Nobody Story

Et barns historie

**Cheerio!**

**Cathy McGough**

**Din intervjuer av legendariske forfattere fra det hinsidige**

# DOSTOJEVSKIJ PÅ HEATHROW

JEG HUSKER DEN DAGEN nesten som om det var i går. Vi sto på Heathrow flyplass og ventet på flyet vårt. Flyselskapet hadde kansellert det, forsinket det - og de så ikke ut til å ha noen anelse om når vi skulle være på vei.

Madame Delatour og jeg hadde vært i London i tolv dager. Mai i England betydde regn og mer regn. Bra for blomstene, men ikke så bra for turistene. Et sted vi besøkte, betydde mer for oss på grunn av regnet.

Tankene mine vandret tilbake til John Fowles' hjemby Lyme Regis. Der gikk jeg langs «The Cobb» - i fotsporene til Fowles' Sarah Woodruff fra «Den franske løytnantens kvinne». Regnet gjorde meg gjennomvåt til skinnet mens vinden tvang meg lenger og lenger ut langs den smale, steinete havnemuren. Så langt ut at jeg følte meg sårbar for vær og vind - ubeskyttet - som om vinden ville at ermene på jakken min skulle flykte.

Jeg ble revet tilbake til virkeligheten av en stemme i høyttaleren og så meg rundt i det overfylte venterommet for å se etter Blanchetta. Det virket som om hun var forsvunnet. Jeg sjekket gavebutikkene, toalettene og alle andre steder jeg kunne komme på, men jeg kunne ikke finne henne. Siden det fortsatt ikke var noe nytt om avreisen vår, la jeg meg ned for å ta en lur til.

Noen timer senere våknet jeg av lyden av høye hæler som ga ekko i korridorene. Noen ropte navnet mitt. Jeg tørket søvnen ut av øynene da Blanchetta kom stormende mot meg. Hun var så opphisset at det ikke kom noen ord ut av munnen hennes, selv om tungen hennes logret.

Hun hadde tydeligvis sovnet, og den russiske forfatteren Fjodor Dostojevskij hadde kontaktet henne. Han spurte om det var mulig å komme tilbake til år 2001 og gjøre et intervju. Blanchetta var tydelig begeistret for Dostojevskij.

Først var jeg ikke sikker på hvor jeg skulle dra. Jeg så rundt meg, så passasjerer som kom og gikk, frem og tilbake, og lurte på om noen ville kjenne igjen gjesten vår hvis han bare dukket opp.

Etter å ha tenkt oss om, bestemte vi oss for at det var for risikabelt å bringe herr Dostojevskij tilbake til jorden i dette kaoset. Misfornøyde reisende slappet av overalt, rastløse barn og utålmodige foreldre - det var altfor mange distraksjoner til at vi kunne gi herr Dostojevskij den oppmerksomheten han fortjente.

Til slutt ba vi om et rom til et forretningsmøte - noe flyselskapet velvillig stilte opp med. (De gjorde i det minste én ting riktig!)

Fjodor Dostojevskij ble født 30. oktober 1821 i Varvara i Russland. Å si at Dostojevskij hadde et vanskelig liv, er tidenes underdrivelse. Da hans mest berømte roman «Forbrytelse og straff» kom ut i 1866, hadde han allerede skrevet «Fattigfolk», «Dobbeltgjengeren», «Notater fra det døde hus» og «Notater fra undergrunnen». I januar 1879 ble hans siste roman, «Brødrene Karamasov», solgt i 1500 eksemplarer på få dager. (1) To år senere døde han i ekstrem fattigdom og etterlot seg ingenting «bortsett fra bøkene sine». (2)

Jeg tok frem mitt eget eksemplar og begynte å lese:

**NOTATER FRA UNDERGRUNNEN**

Det var ikke bare det at jeg ikke kunne bli ondskapsfull, jeg visste ikke hvordan jeg skulle bli noe som helst: verken ondskapsfull eller snill, verken en slyngel eller en ærlig mann, verken en helt eller et insekt.

*Herr Dostojevskij kom inn. Da han så at jeg leste i boken hans, ba han meg ta den. Jeg ga den til ham, med min sidemarkør. Jeg ble henrykt da han begynte å lese hans verk for meg.*

Nå lever jeg mitt liv i mitt hjørne og håner meg selv med den ondskapsfulle og unyttige trøsten at en intelligent mann ikke kan bli noe på alvor, og at det bare er dåren som blir noe. Ja, en mann i det nittende århundre må og bør moralsk sett være en karakterløs skapning; en mann med karakter, en aktiv mann, er en begrenset skapning. Det er min overbevisning gjennom førti år. Jeg er førti år gammel nå, og du vet at førti år er en hel livstid; du vet at det er en ekstrem alderdom. Å leve lenger enn førti år er dårlig folkeskikk, det er vulgært, umoralsk. Jeg vil fortelle deg hvem som gjør dårer og verdiløse stipendiater. Jeg sier det til alle gamle menn, alle disse ærverdige gamle menn, alle disse sølvhårede og ærverdige seniorer! Jeg sier det til hele verden. Jeg har rett til å si det, for jeg skal selv leve til jeg blir seksti. Til sytti! Til åtti! (3)

*Jeg hadde fulgt med på herr Dostojevskijs opptreden. Særlig interessant var det hvordan hans kobberhårede skjegg passet inn i det åpne rommet i jakken på den brune dressen og fullstendig utslettet skjorten han hadde under. Øynene hans var fulle av latter mens han leste, men da han var ferdig, forsvant latteren og avslørte en dyp tristhet. Han gjenvant fatningen, smilte og gikk mot oss. Han takket madame Delatour og meg for at vi hadde gitt ham muligheten til å komme tilbake til London i 2001.*

*Hvelvet i hodet mitt klikket. Jeg husket at jeg hadde lest et sted om Dostojevskijs besøk på verdensutstillingen i Crystal Palace i London i 1862. (4)*

**Spørsmål:** Herr Dostojevskij, vil du fortelle meg om ditt første besøk i London?

**A:** Verdensutstillingen var virkelig storslått. Man følte den enorme kraften som hadde tiltrukket seg denne massen av mennesker fra hele verden i én flokk

... Og uansett hvor fri og uavhengig man hadde følt seg før, ble man grepet av en ukjent frykt ...

Det var noe bibelsk over scenen, noe babylonsk, som om profetien fra apokalypsen var gått i oppfyllelse. Man ble plutselig klar over at det ville kreve mye åndelig motstand og fornektelse gjennom århundrer for å stå imot presset og ikke bukke fullstendig under for det fryktinngytende inntrykket, for ikke å bøye seg for faktum og ikke tilbe Mammon, med andre ord, for ikke å akseptere det eksisterende for det ideelle ... (5)

*Madame Delatour kom tilbake til rommet med noen forfriskninger. Herr Dostojevskij fikk straks øye på den rykende varme tekannen og tok imot en kopp. Så spurte han madame Delatour om hun ville være så vennlig å kjøpe litt tobakk, slik at han kunne rulle en sigarett. (6)*

*Madame Delatour ville ikke kjefte på ham om røykingens skadelige virkninger (siden han allerede var død), og ga ham det han trengte. Han spurte uventet:*

**Spørsmål:** Kan jeg få en pennholder? (7)

*Ingen av oss hadde noen, men jeg rakte ham min Parker-penn og så på mens herr Dostojevskij rullet sigaretten og plasserte den mellom leppene.*

*Da madame Delatour innså at vi ikke hadde fyrstikker, gjorde hun et forslag om å forlate rommet og kjøpe noen, men herr Dostojevskij forklarte at det ikke var nødvendig. Han foreslo at vi skulle fortsette intervjuet, siden vi hadde begrenset med tid.*

**Spørsmål:** Har du alltid vært glad i å lese, selv da du var liten?

**A:** Mine søsken og jeg (vi var syv stykker, inkludert meg selv) var svært glade i Walter Scott og «Tusen og en natt», og vi hadde inngående kjennskap til «Robinson Crusoe». Når vi tilbrakte sommermånedene på vår fars landeiendom i Darovoje, som lå to dagers kjøring fra Moskva. Vi likte å late som om vi var på en øde øy, eller at vi var indianere fra «Den siste mohikaner». (8)

**Spørsmål:** Du ble fengslet i Sibir og satt til hardt arbeid i fire år. Hva var det verste du husker fra fengselsoppholdet?

**A:** Å være alene er en nødvendighet i en normal tilværelse, på samme måte som å spise og drikke; ellers blir man en hater av menneskeheten i det tvungne fellesskapet. Samfunnet av mennesker fungerer som en gift eller en infeksjon. Det fantes øyeblikk da jeg hatet alle som krysset min vei, enten de var skyldige eller uskyldige, og jeg betraktet dem som tyver som ustraffet stjal livet mitt. (9)

Det slo meg at hvis man ønsket å redusere et menneske til intet - å straffe ham så grusomt at selv den mest forherdede morder ville skjelve for straffen, ville det bare være nødvendig å gi hans verk en karakter av fullstendig unyttighet og absurditet. (10)

**Spørsmål: Fikk** du bøker for å få tiden til å gå?

**A:** Offisielt fikk jeg bare lov til å lese «Bibelen», men i løpet av de siste månedene fikk jeg av en vennligsinnet lege på sykehuset oversettelser av «The Pickwick Papers» og «David Copperfield» i hendene. Så snart jeg var fri, skrev jeg til broren min og tryglet om bøker, bøker og atter bøker. (11)

**Spørsmål:** Jeg er i ferd med å skrive min første roman, har du noen råd du kan gi meg?

**Svar:** Da jeg begynte å skrive «De fornærmede og sårede», min første roman, visste jeg følgende med sikkerhet: 1) at selv om romanen skulle bli en fiasko, ville det være poesi i den; 2) at det ville være to eller tre brennende og sterke passasjer i den; 3) at de to viktigste personene ville bli skildret på en sannferdig og til og med kunstnerisk måte. Dette var i hvert fall nok for meg. Resultatet ble et underlig verk, men det er et femtitalls sider som jeg er stolt av ... (12)

**Spørsmål:** Etter å ha lest «De fornærmede og sårede» kan jeg bekrefte at det er mye mer du kan være stolt av i den. Kan jeg overtale deg til å lese et avsnitt fra den boken?

*Herr Dostojevskij stakk hånden i jakkelommen og tok frem brillene sine. Han brukte dem aldri offentlig, bare privat, og jeg følte meg privilegert over at han følte seg komfortabel nok til å ta dem på i mitt nærvær. (13)*

**A:** Jeg vil heller lese noe fra denne boken for deg:

**THE DEVILS**

Det var en foss der, en veldig liten en; den falt fra høyt oppe i fjellene, som en tynn tråd, helt hvit og skummende. Den falt fra stor høyde, men så ut til å være veldig nær, og den var en halv mil borte, men du ville ha sagt at det bare var femti meter. Jeg elsket å lytte til lyden om natten, og i slike stunder ble jeg fryktelig rastløs. Noen ganger gikk jeg i fjellene ved middagstid og sto der, halvveis oppe i fjellsiden med de gamle harpiksholdige furutrærne rundt meg, så høye de var, og et sted høyt oppe på de stupbratte klippene lå det en middelalderborg i ruiner, langt borte, og den lille landsbyen lå nedenfor, langt borte, nesten usynlig, og solen skinte, og himmelen var så blå, og det var bare denne forferdelige stillheten rundt hele meg. Jeg syntes jeg hørte en mystisk innkalling, og så kom det til meg at hvis jeg gikk rett frem og fortsatte å gå en lang stund, ville jeg komme til linjen der jord og himmel møtes, og da ville jeg finne nøkkelen til hele mysteriet og oppdage en ny form for liv som var rikere og mer praktfull enn vårt. Jeg drømte om en storby så stor som Napoli, full av palasser og tumulter og spennende liv, og så slo det meg at livet kan nytes like storslagent i et fengsel. (14)

**Spørsmål:** Opplevde leserne at verket ditt var for rått, for realistisk?

**A:** Virkeligheten er ikke begrenset til det vi kjenner til. For den inneholder en enorm porsjon av noe i form av det usagte, fremtidige Ordet. Jeg har min egen virkelighetsoppfatning, og det de fleste kaller fantastisk og eksepsjonelt, er for meg selve essensen av det virkelige. Den alminnelige siden av hendelsene og det konvensjonelle synet på dem er ennå ikke realisme, men snarere det motsatte. Ens fremstilling av tingene er langt svakere enn tingene selv ... Mitt syn på virkeligheten og realismen skiller seg fra våre realisters og kritikeres ... Deres realisme er ikke i stand til å forklare en brøkdel av de virkelige, faktiske fakta, men vi forsøker til og med å profetere fakta hele tiden. Dobbeltspill maskerer den andre siden av sannheten - alt dette er ille nok. Men hvis alle mennesker nå skulle komme frem som de virkelig er, da sier jeg deg at det ville være mye verre. De kaller meg psykolog. Det er ikke riktig. Jeg er realist i ordets fulle betydning, det vil si at jeg forsøker å skildre menneskesjelens dybder ... Som realist søker jeg det menneskelige i mennesket. (15)

**Spørsmål:** Er det sant at du brente et nesten ferdig utkast til Forbrytelse og straff?»

**A:** Jeg satt som en fange over arbeidet mitt. Det var en roman for «Den russiske budbringer». Det var en lang roman i seks deler. Mot slutten av november 1865 var mye skrevet og ferdig. Jeg brente alt sammen. Jeg likte det ikke selv. En ny form, en ny plan førte meg bort, og jeg begynte på nytt. Jeg arbeidet dag og natt, og likevel arbeidet jeg for lite. Romanen er en poetisk ting, den krever ro i sinnet og fantasi. På den tiden plaget kreditorene mine meg og truet med å sende meg i fengsel. (16)

**Spørsmål:** Stemmer det at du nesten mistet opphavsretten til verket ditt?

**A:** Jeg var dum nok til å selge alle opphavsrettighetene til et profittsøkende forlag for å kunne betale gjelden min. Hvis jeg ikke skrev en ny roman innen 1. november 1866, skulle alle mine verker, også de jeg ennå ikke hadde skrevet, bli forleggerens eiendom. Jeg begynte på «Forbrytelse og straff», og i november brente jeg den. På 26 dager skrev jeg mer enn 200 sider, som ble til «The Gambler», og jeg klarte å overholde fristen og betale gjelden min. (17)

*Det virket som om Dostojevskij ble opprørt av å diskutere disse spørsmålene, og han rullet sigarett etter sigarett. Han så seg rundt, sky som en kanin - helt til madame Delatour strakte seg bort og tente sigaretten for ham.*

Jeg er overbevist om at ingen av våre andre forfattere, verken tidligere eller nåværende, døde eller levende, skrev under slike forhold som de jeg måtte skrive under hele tiden. Noen, som Turgenjev, ville ha dødd bare ved tanken. Hvis de bare visste hvor deprimerende det var å ødelegge en idé som var født i deg, som du var blitt begeistret for, som du visste var god - og så bli tvunget til å ødelegge den med vitende og vilje! (18)

*Hans inderlige ord fikk tårene til å trille i øynene mine, og jeg tok hans skjelvende hender i mine og begynte å resitere hans egne ord for ham. Det var faktisk nøyaktig de samme ordene som han hadde fått stående applaus for under sin tale for «Selskabet af venner af russisk litteratur» i august 1880. Denne talen ble senere nedtegnet i «En forfatters dagbok».*

Ydmyk deg, stolte mann! Fremfor alt, bryt ned ditt hovmod! Ydmyk deg, du dagdriver, og lær deg å arbeide på vår hellige jord!

Sannheten er inne i deg; den er ikke å finne utenfor. Finn derfor deg selv i ditt indre! Det er ikke din oppgave å overvelde andre. Underku deg selv! Vær herre over deg selv! Slik skal du oppfatte sannheten!

Sannheten ligger ikke i ting, ikke utenfor deg, ikke i fjerne land. Den ligger i din egen søken etter selvforbedring. Hvis du erobrer deg selv, hvis du ydmyker deg selv, da skal du bli friere enn du kan drømme om. Du skal arbeide med en verdig oppgave. Du skal gjøre andre frie, og deri skal du finne lykken, for ditt liv vil bli oppfylt, og du vil til slutt oppdage en forståelse av ditt eget folk og dets hellige sannhet. (19)

*Øynene hans ble fylt av medfølelse, og tårene rant nedover de uthulede kinnene hans mens bildet av ham begynte å forsvinne. Han angret ikke på at han vendte tilbake til jorden. Han hadde aldri tenkt på at det skulle bli en så smertefull gjenoppstandelse.*

*Jeg følte at jeg hadde skylden for at minnene strømmet tilbake til ham. Det hadde ikke vært min hensikt. Herr Dostojevskij leste tankene mine og klappet meg forsiktig på håndryggen på en faderlig måte da han forsvant fra Heathrow flyplass, nå og for alltid.*

*Mens jeg satt og så på den ledige stolen hans, kunne jeg ikke unngå å tenke på følgende ord fra:*

**THE MEEK**

«Hvorfor døde hun?» roper han, »... Vi kunne ha løst alt ... Hvorfor, hvorfor kunne vi ikke komme sammen igjen og starte et nytt liv? Bare noen få ord, to dager, ikke mer, og hun ville ha forstått alt ... Det som gjør mest vondt, er at alt dette er en ulykke, en rett og slett barbarisk, dum ulykke! Det er det som gjør vondt. Fem minutter for sent! «Mennesker, elsk hverandre» - hvem sa det? Hvem har sagt at vi skal elske hverandre? Så ufølsomt klokken tikker videre. Klokken er nå to om natten. Skoene hennes ligger der ved sengen som om de venter på henne ... Nei, virkelig, når de har båret henne ut i morgen, hva skal det da bli av meg?» (20)

Jeg lukket boken, tok kofferten min og forsvant inn i menneskemengden. Hjertet var tungt, og da jeg endelig var på vei hjem, sov jeg en drømmeløs søvn.

*Du kan ikke gå galt i byen når du leser noen av Fjodor Dostojevskijs romaner. Vær tålmodig, og belønningen vil være mange!*

Fattigfolk

Gambleren

Idioten

De fornærmede og sårede

Djevlene

Brødrene Karamazov

Den evige ektemann

Den ydmyke

Notater fra undergrunnen

Forbrytelse og straff

Dobbeltgjengeren

En rå ungdom
De dødes hus
En forfatters dagbok
Den milde ånd
Krokodillen
Drømmen om en latterlig mann
Lille foreldreløse barn
Husfruen
Den fremmede kvinnen
Et juletre og et bryllup
En ærlig tyv
**Do svidaniya!**
**Cathy McGough**
**Din intervjuer av legendariske forfattere fra det hinsidige**

# KEATS BESØKER FØDESTEDET MITT

D ET VAR EN SOLFYLT dag tidlig på høsten 1999, mens jeg satt ved bredden av elven Avon i min fødeby Stratford (Ontario, Canada), at en uventet gjest dukket opp.

Jeg hadde lagt ut et teppe på det nyslåtte gresset, og duften av svaner spredte seg lett gjennom teppet. De praktfulle svanene beveget seg mot meg og lot stemmene sine høres i håp om å få en brødskorpe.

Blåskrikkene og rødstrupene kvitret, og settingen var perfekt for et dikt av John Keats:

**TO AUTUMN**

Tåkens og den milde fruktbarhetens årstid,

Den modne solens nære venn;

Konspirerer med ham om hvordan å laste og velsigne

Med frukt vinstokkene som løper rundt takskjegget;

Å bøye med epler, de mosede hyttetrærne,
Og fylle all frukt med modenhet til kjernen;
Å svelle kalebassen, og fylle hasselskallene
Med en søt kjerne; å sette spirende mer,
Og enda flere, senere blomster for biene,
Til de tror at varme dager aldri vil opphøre,
For sommeren har overfylt deres klamme celler.

Hvem har ikke sett det ofte blant ditt lager?
Noen ganger kan den som søker i utlandet finne
Du sitter uforsiktig på et kornmagasins gulv,
Ditt hår bløtt løftet av den vinnende vinden;
Eller på en halv høstet fure, sovende,
Døsig av valmuens damp, mens din krok
Skåner neste skår og alle dets tvinnede blomster:
Og noen ganger som en sanker du holder
Ditt belastede hode over en bekk;
Eller ved en ciderpresse, med tålmodig blikk,
Du ser på de siste dråper, time etter time.

Hvor er vårens sanger? Ja, hvor er de?
Tenk ikke på dem, du har også din musikk.
Mens skyer med barrer blomstrer den myke,
døende dag,
Og berører stubbslettene med rosenrød farge;
Da klager de små myggene i et klagende kor
Blant elvenes svaler, båret høyt til værs
Eller synker som den lette vinden lever eller dør;
Og fullvoksne lam bjeffer fra kupert bourn,
Hekser synger; og nå med diskant myk
Rødbrystet plystrer fra en hagekrok,

Og svalene kvitrer på himmelen. (1)

Jeg våknet med en forskrekkelse, forårsaket av den buldrende motoren til en Trans Am, og så meg engstelig rundt, for jeg hadde ventet på madame Delatour. Først kunne jeg ikke se henne, men så hørte jeg fottrinn på Island Bridge og så at hun førte John Keats mot meg.

John Keats ble født for tidlig, enten den 29. eller 31. oktober 1795, i en stall ved Svanen og Hoop-skiltet på Finsbury Pavement - som vender ut mot det den gang åpne området Lower Moorfield. (2) Han hadde ikke lenge igjen til denne verden, og døde i en alder av bare 25 år den 23. februar 1821.

Langsomt gikk han mot meg, mens støvlene hans laget en klirrende, klirrende, klirrende lyd når de kysset trebroen.

John Keats hadde på seg en mørk dress, med mange sølvknapper både foran og langs mansjettene. Inni var det en hvit skjorte med matchende kravatt. Det mest karakteristiske ved ham var det røde, krøllete håret og de drømmende blå øynene. Han kikket fra side til side som et barn i en godteributikk.

Han tok hånden min i sin og spurte hvilket fortryllende sted han var blitt invitert til å besøke. Han var spesielt interessert i den store atriumlignende bygningen i glass, som var innrammet av den vakre naturen bak oss.

Jeg forklarte ham at bygningen var «The Stratford Festival» - en idé unnfanget av Tom Patterson på 1950-tallet, og som var viet liveoppføringer av skuespill, spesielt William Shakespeares verker.

Jeg fortviler aldri helt når jeg leser Shakespeare - ja, jeg tror jeg aldri kommer til å lese noen annen bok særlig mye.  Dette kunne føre meg inn i en lang Confab, men jeg avstår.  Jeg er veldig nær ved å være enig med Hazlitt i at Shakespeare er nok for oss. (3)

**Spørsmål**: Noen sa en gang: «Variety is the spice of life» - Shakespeare, ja, men litt Keats er også nødvendig. Kan du dele ditt tidligste barndomsminne?

**A:** Først vil jeg gjerne at du kaller meg John - og takk for de vennlige ordene. Selv om jeg ikke husker hvorfor jeg gjorde det, husker jeg at jeg tok et sverd og stilte meg i døren til min mors soverom og sa: «Ingen må gå inn eller ut av dette huset!» Jeg var bare fem år på den tiden, og jeg tror vi hadde selskap. Jeg levde livet med hele mitt vesen og «kunne føle glede og sorg med hendene». (4)

**Q:** Er det et tidspunkt du kan huske - da du bestemte deg for at dikterlivet var noe for deg?

**A:** Begge mine kjære foreldre døde før jeg fylte 15 år, og årene med dem, som jeg gjerne sammenlignet med lesningen av en stadig skiftende fortelling, tok slutt. Min verge satte meg i lære hos en kirurg i Edmonton (i nærheten av London). Jeg skrev til vennene mine og ba desperat om et eksemplar av Spensers «Faery Queen» og leste scenene som et ungt føll som ble sluppet løs på en våreng. Det var da jeg for første gang ble smittet av dikterfeberen. (5)

**Spørsmål:** Hadde du en fast rutine for skrivingen?

**A:** Jeg leste og skrev omtrent åtte timer om dagen. Det finnes et gammelt ordtak som sier at «godt begynt er halvgjort» - det er et dårlig ordtak. Jeg ville heller si: «Ikke påbegynt i det hele tatt før det er halvferdig»; så i henhold til det har jeg ikke påbegynt diktet mitt og kan følgelig (a priori) ikke si noe om det.  Gudskjelov! (6)

**Sp:** Trodde du at du en dag ville bli betraktet som en stor poet?

**Svar:** Det finnes ingen større synd etter de syv dødssynder enn å innbille seg at man er en stor dikter - eller et av de vesener som har det privilegium å slite livet av seg i jakten på heder og ære - hvor behagelig er det ikke å føle at en slik forbrytelse må medføre sin tunge straff?  At hvis man er en selvbedrager, vil regnskapet bli gjort opp?  (7)

**Q:** Hvilken rolle spilte fantasien i ditt forfatterskap?

**Svar:** Jeg er ikke sikker på noe annet enn at hjertets følelser er hellige, og at fantasien er sann.  Det som fantasien griper som skjønnhet, må være sannhet - enten det eksisterte før eller ikke, - for jeg har samme idé om alle våre lidenskaper som om kjærligheten: de er alle, i sitt sublime, skapende av essensiell skjønnhet.  Med et ord, du kjenner kanskje min favorittspekulasjon fra min første bok, og den lille sangen jeg sender i min siste, som er en fremstilling fra fantasien av den sannsynlige måten å operere i disse sakene på.  Fantasien kan sammenlignes med

Adams drøm - han våknet og fant den sann.  Jeg er mer nidkjær i denne saken fordi jeg ennå aldri har vært i stand til å forstå hvordan noe kan bli kjent for sannhet ved konsekutivt resonnement - og likevel må det være det.  Det enkle, fantasifulle sinnet kan få sin belønning i gjentagelsen av sitt eget stille arbeid som stadig kommer til ånden med en fin plutselighet. (8)

**Spørsmål:** Tror du at jordisk lykke er oppnåelig?

**Svar:** Jeg kan knapt huske at jeg har regnet med noen lykke - jeg ser etter den om den ikke er her og nå, - ingenting skremmer meg lenger enn øyeblikket. Solnedgangen vil alltid få meg til å rette meg opp, eller hvis en spurv kommer foran vinduet mitt, tar jeg del i dens eksistens og plukker rundt grusen.  Det første som slår meg når jeg hører om en ulykke som har rammet en annen, er dette: «Vel, det kan ikke gjøres noe med, han får gleden av å prøve sin ånds ressurser.» (9)

**Spørsmål:** Angrer du på at du aldri har giftet deg?

**Svar:** Jeg håpet at jeg aldri skulle gifte meg. Selv om de vakreste skapninger ventet på meg ved slutten av en reise eller en spasertur, selv om teppet var av silke, gardinene av morgenskyer, stolene og sofaen fylt med dun, maten Manna, vinen mer enn Claret, vinduet ut mot Winander Mere, ville jeg ikke føle - eller rettere sagt, min lykke ville ikke være så fin, som min ensomhet er sublim.

I stedet for det jeg har beskrevet, er det en sublimitet som ønsker meg velkommen hjem -

Vindens brøl er min kone, og stjernene gjennom vindusruten er mine barn.  Den mektige abstrakte idé jeg har om skjønnhet i alle ting, kveler den mer oppdelte og minutiøse hjemlige lykke - en elskelig kone og søte barn betrakter jeg som en del av denne skjønnheten, men jeg må ha tusen av disse vakre partiklene for å fylle opp hjertet mitt.

Jeg følte mer og mer for hver dag, etter hvert som min fantasi ble sterkere, at jeg ikke levde i verden alene, men i tusen verdener - Ikke før var jeg alene, før skikkelser av episk storhet ble stasjonert rundt meg, og tjente min Ånd det embete som tilsvarte en konges livvakt - da «kom Tragedien med scepterskallet feiende forbi».  Alt etter min sinnstilstand var jeg med Akilles i skyttergravene eller med Theokrit i Sicilias daler.  Eller jeg kunne kaste hele mitt vesen inn i Troilus, og når jeg gjentok disse linjene: «Jeg vandrer som en fortapt sjel på de stygiske bredder og venter på luft», smeltet jeg ut i luften med en vellyst så delikat at jeg var tilfreds med å være alene.  Disse ting, kombinert med den oppfatning jeg har av kvinner generelt - som for meg fremstår som barn som jeg heller vil gi en sukkerplomme enn min tid, danner en barriere mot ekteskapet som jeg gleder meg over. (10)

**Spørsmål:** En sukkerplomme! Kanskje det er bra at du aldri giftet deg da. Tror du det er nødvendig å ha opplevd noe selv for å kunne skrive om det?

**A:** Ingenting blir virkelig før man har opplevd det - selv et ordtak er ikke noe ordtak for deg før ditt liv har illustrert det. Jeg har sammenlignet menneskelivet med et stort herskapshus med mange leiligheter, hvorav jeg bare kan beskrive to, siden dørene til resten ennå er stengt for meg. Den første vi trer inn i, kaller vi barnekammeret, eller det tankeløse kammeret, hvor vi blir værende hvis vi ikke tenker.

Vi blir der en lang stund, og til tross for at dørene til det andre kammeret står åpne og ser lyse ut, bryr vi oss ikke om å skynde oss dit, men til slutt blir vi umerkelig tilskyndet av det tenkende prinsippets oppvåkning i oss - vi kommer ikke før inn i det andre kammeret, som jeg vil kalle den jomfruelige tankens kammer, før vi blir beruset av lyset og atmosfæren, vi ser ikke annet enn behagelige undere og tenker på å bli der for evig i fryd.

Men blant de virkningene denne åndedrettet er opphav til, er den forferdelige effekten av å skjerpe synet på menneskets hjerte og natur - å overbevise nervene våre om at verden er full av elendighet og hjertesorg, smerte, sykdom og undertrykkelse - hvorved dette kammeret for jomfruelige tanker gradvis blir mørkere, og samtidig åpnes det mange dører på alle sider av det - men alle er mørke - alle fører til mørke passasjer. Vi ser ikke balansen mellom det gode og det onde; vi er i en tåke, vi er nå i den tilstanden, vi føler «Mysteriets byrde». Men hvis vi lever og fortsetter å tenke, vil vi utforske alle passasjene. (11)

**Spørsmål:** Brydde du deg om hva andre tenkte om deg?

**Svar:** Noen syntes jeg var middelmådig, andre dum, andre tåpelig - alle trodde de så min svake side mot min vilje, mens det i virkeligheten er med min vilje - jeg var fornøyd med å bli oppfattet slik, fordi jeg har så store ressurser i mitt eget bryst.

Dette var en av de store grunnene til at de likte meg så godt: fordi de alle kunne vise seg frem i et rom og med en viss takt overskygge en som ble regnet for å være en god poet.

Jeg håpet at jeg ikke var her for å spille et puss «for å få englene til å gråte». Jeg trodde ikke det, for jeg hadde ikke den minste forakt for min art, og selv om det kan høres paradoksalt ut, så gjorde mine største sjelelige høyder meg hver gang mer ydmyk - Nok av dette - selv om du i din kjærlighet til meg ikke vil synes det er nok. (12)

**Spørsmål:** Du har rett; jeg nyter å lytte til deg og skulle ønske vi hadde mer tid. Kan du beskrive hvordan du så på verden?

**A:** Jeg hatet verden: den slo for mye på vingene til min egenvilje, og jeg skulle ønske jeg kunne ha tatt en søt gift fra dine lepper for å sende meg ut av den.  Fra ingen andre ville jeg ta det. (13)

*Jeg ble forbauset over uttalelsen og rødmet voldsomt.*

**Spørsmål:** På tjuefem år har du oppnådd mer enn mange forfattere gjør i løpet av livet. Var udødelighet din drivkraft?

**A:** Jeg har ikke etterlatt meg noe udødelig verk - ikke noe som kan gjøre mine venner stolte av mitt minne - men jeg har elsket prinsippet om skjønnhet i alle ting, og hvis jeg hadde hatt tid, ville jeg ha gjort meg selv husket. (14)

**Spørsmål:** Hvilke råd har du til poeter i fremtiden?

**A:** For det første mener jeg at poesi bør overraske ved et fint overskudd, og ikke ved singularitet; den bør slå leseren som en formulering av hans egne høyeste tanker og nesten virke som en erindring.

For det andre bør skjønnhetsinnslagene aldri være halvveis, slik at leseren blir andpusten i stedet for tilfreds. Bildespråkets oppgang, fremgang og nedgang bør, som solen, komme naturlig til ham, skinne over ham og gå ned nøkternt, selv om det er storslått, og etterlate ham i skumringens luksus.

Men det er lettere å tenke hva poesi skal være, enn å skrive den. Og dette fører meg til et annet poeng.

For det tredje, hvis poesien ikke kommer like naturlig som bladene på et tre, er det bedre at den ikke kommer i det hele tatt. (15)

**Spørsmål:** John, du er en av tidenes mest ærverdige poeter, hedret i Westminster Abbey I Poet's Corner, og skoler over hele verden studerer poesien din hvert år. Føler du at suksessen din var mer avhengig av omstendighetene?

**A:** Omstendighetene er som skyer som stadig samler seg og sprekker - mens vi ler, blir frøet til et eller annet problem sådd i begivenhetenes vidstrakte åkerland - mens vi ler, spirer det, det vokser og bærer plutselig en giftig frukt som vi må plukke. (16)

**Spørsmål:** Hva er din definisjon av en poet?

**A:** En poet er det mest upoetiske av alt som finnes; fordi han ikke har noen identitet - han er hele tiden i for - og fyller en annen kropp - Solen, månen, havet og menn og kvinner som er impulsskapninger er poetiske og har en uforanderlig egenskap ved seg - poeten har ingen; ingen identitet - han er absolutt den mest upoetiske av alle Guds skapninger. (17)

**Spørsmål:** Jeg er en poet, og min muse har forlatt meg. Har du noen råd du kan gi meg - for å komme i gang med skrivingen igjen?

**A:** Ikke bli motløs av en fiasko. Det kan være en positiv opplevelse. Å mislykkes er på sett og vis veien til suksess, for hver gang vi oppdager noe som er falskt, søker vi oppriktig etter det som er sant, og hver ny erfaring peker på en eller annen form for feil, som vi senere skal unngå.

Poesien skal behage ved et fint overskudd og ikke ved singularitet. Den skal virke på leseren som en formulering av hans egne høyeste tanker og nærmest fremstå som en erindring. (18)

**Spørsmål:** Din venn Lord Byron er sitert på at anmeldelsen i «The Quarterly» kan ha ført deg til en tidlig død, er det sant?

**A:** Det gjorde meg ikke den minste skade i samfunnet å få meg til å fremstå som liten og latterlig: Jeg vet når en mann er meg overlegen og viser ham all respekt - han ville være den siste til å le av meg, og for øvrig følte jeg at jeg gjorde et inntrykk på dem som sikret meg personlig respekt så lenge jeg var i sikte, uansett hva de måtte ha sagt når jeg snudde ryggen til.

Det eneste som noensinne kan påvirke meg personlig i mer enn en kort forbigående dag, er enhver tvil om mine evner til å dikte - jeg har sjelden noen, og jeg ser med håp frem til den nærmeste tiden da jeg ikke skal ha noen. Jeg er så lykkelig som en mann kan være. (19)

**Q:** Vil du være så snill å lese et av diktene dine?

**A:** La meg tenke. Ja, jeg vet akkurat ett:

**DE MENNESKELIGE ÅRSTIDER**

Fire årstider fyller årets mål;

Det er fire årstider i menneskets sinn;

Han har sin lystige vår, når fantasien er klar

Tar inn all skjønnhet med et lett spenn:

Han har sin sommer, når han overdådig

Vårens honning av ungdommelig tanke han elsker

Å gruble, og ved slike drømmer høyt

Er nærmest himmelen; stille viker

Hans sjel har i sin høst, når hans vinger

Han feller sine vinger tett sammen; tilfreds med å se

På tåke i lediggang - å la vakre ting

Passere forbi uhørt som en terskel bekk.

Han har sin vinter også av blek misfeature,

Ellers ville han gi avkall på sin dødelige natur. (20)

Mens Johannes leste, begynte en gruppe unge jenter i skoleuniformer å samle seg rundt ham. Da han var ferdig, applauderte de, fniste og hvisket, og den modigste av dem gikk frem og ba ham om en autograf.

John ble overrasket over all oppmerksomheten, men samtidig utrolig glad. Han spurte hver av jentene hva de het, og signerte med navnet sitt.

Jentene hvisket seg imellom, og så tok de farvel med oss mens de gikk videre. De hadde ikke gått langt før jeg la merke til at John begynte å forsvinne ut og inn. Jeg rakk så vidt å vinke farvel før han forsvant.

Da de gikk sin vei, hørte jeg en av jentene lese navnet hans høyt og si

«John Keats? Jeg lurer på hvilket stykke han er med i. Han er jammen søt!»

Jeg rullet sammen teppet mitt og gikk bort fra den rennende Avon-elven, i håp om at jentene en dag ville lese og oppdage John Keats' verker. Jeg hadde en følelse av at autografen de fikk, kanskje ville være «Writ in water», som ordene som sto på gravsteinen hans.

Jeg forlater dere nå med følgende ord:

«Lidenskapens og munterhetens barder, dere som har forlatt deres sjeler på jorden. Dere har sjeler i himmelen også, dobbelt-levet i nye regioner.» (21)

*Finn ut mer om John Keats ved å lese den inspirerende samlingen han har etterlatt seg. Jeg oppfordrer deg til å oppsøke følgende:*

The Eve of St. Agnes

The Eve of St. Mark
Hyperion
Endymion
Lamia
Søvn og poesi
Til en nattergal
På en gresk urne
Til Psyke
Om melankoli
Lidenskapens og gledenes barder
Når jeg har frykt
Første gang jeg så inn i Chapmans Homer
Gresshoppen og sirissen
Om å se en hårlokk fra Milton
De menneskelige årstider
Til Byron
Hvor er poeten?
**Wes du hal!**
**Cathy McGough**
**Din intervjuer av legendariske forfattere fra det hinsidige**

# HENRY WADSWORTH LONGFELLOW MEMENTO

ET ER SKUMRING, OG snart kommer gjesten vår. Denne kvelden skal madame Delatour kontakte Henry Wadsworth Longfellow, som er blitt utropt til Amerikas fremste poet gjennom tidene.

Vi kontakter ham om kvelden, slik at vi kan nyte en av våre favorittbeskjeftigelser sammen - å gå tur. Med litt flaks vil stien være relativt fri for joggere, syklister og lignende, slik at Mr. Longfellow og jeg kan gå i fred.

Henry Wadsworth Longfellow ble født 27. februar 1807 i Portland, Oregon. Longfellow var en poet som levde sitt liv etter ordene «pennen er mektigere enn sverdet». Han gikk aldri av veien for konflikter, og han kjempet alltid for sine medborgeres rettigheter.

I bunn og grunn var det hans sjel som ga næring til Amerikas villmark. (1)

Madame Delatour var opptatt med å kontakte Mr. Longfellow, og i mellomtiden leste jeg høyt et dikt uten tittel som jeg nylig hadde oppdaget i en bok kalt «Borrowings». Semsket skinnomslag var slitt av tidens tann, og det med rette, siden utgivelsesdatoen var 1899. Selv om den langt fra var i perfekt stand, skjønte jeg med en gang at den hadde blitt mishandlet og slitt av kjærlighet. Inni lå det mange avisutklipp med dikt.

Blant skattene inneholdt boken denne perlen uten tittel, som er kreditert Mr. Longfellow:

Som en trett mor når dagen er omme,
fører sitt lille barn til sengs,
Halvt villig, halvt motvillig til å bli ledet,
Og etterlater sine ødelagte lekesaker på gulvet,
og stirrer fortsatt på dem gjennom den åpne døren,
Heller ikke helt beroliget og trøstet
Ved løfter om andre i deres sted,
Som, selv om de er vakrere, kanskje ikke gleder ham mer.
Så naturen handler med oss og tar bort
Våre leketøy en etter en, og ved hånden
Fører oss til hvile så blidt at vi går
uten å vite om vi vil gå eller bli,
Vi er for fulle av søvn til å forstå
Hvor langt det ukjente overskrider det vi kjenner. (2)

Jeg lukket boken forsiktig, og passet på at alt den inneholdt, da jeg la merke til Henry Wadsworth Longfellow som kom gående mot meg på stien.

Han var av middels høyde, med et hode og et ansikt som var eminent poetisk. Den store sjarmen i ansiktet hans lå i de blå, klare øynene, dyptliggende under de overhengende brynene, som hadde et ubeskrivelig uttrykk av tanke og ømhet. Selv om ansiktet var omkranset av mange rynker, hadde det en rosenrød helsefarge, og håret var snøhvitt. Hans væremåte hadde en barnslig enkelhet, men likevel en uangripelig verdighet. (3)

Han presenterte seg og rakte ut hånden. Jeg ble forlegen over hans stille og ydmyke væremåte og følte straks at han var en gammel venn som kom tilbake fra en lang reise. Vi gikk arm i arm mens jeg så inn i de blå øynene hans og begynte intervjuet.

**Spørsmål:** Da du var barn, elsket du å lese. Hvilke bøker gjorde størst inntrykk på ditt unge sinn?

**A:** Jeg var veldig heldig som barn, for jeg hadde et bibliotek fullt av bøker som kunne underholde meg. Faren min sørget for det, selv om han ikke ønsket at jeg skulle bli forfatter. Forfattere som jeg forgudet, var Shakespeare, Milton og Pope, Dryden og Goldsmith, for å nevne noen. Jeg elsket «Tusen og en natt» og «Don Quijote» ... men den første boken som fascinerte min fantasi, var Washington Irvings «Sketch Book». Jeg leste den med «stadig økende undring og glede, trollbundet av dens behagelige humor, dens melankolske ømhet, dens atmosfære av drømmeri - ja, til og med av dens gråbrune omslag, de skyggelagte bokstavene i titlene og den lyse, klare skriften, som virket som et ytre symbol på dens stil. (4)

**Spørsmål:** Faren din ville ikke at du skulle bli forfatter?

**A:** Da jeg gikk på universitetet, bestemte jeg meg for å slå inn på en litterær løpebane. Min far sendte et brev til meg på Bowdoin College, der han advarte meg mot en slik karriere, og sa at det ikke fantes nok velstand i Amerika til at en litterær mann kunne leve av det. Min far var en skarpsindig mann. Han begynte brevet med en praktisk advarsel og avsluttet det med en poetisk kritikk:

«Jeg har sett noen dikt i U.S. Literary Gazette», skrev han, »som jeg av signaturen å dømme antar er fra Deres penn. Det er en meget vakker produksjon, og jeg leser den med glede. Men du vil legge merke til at den andre linjen i det sjette verset har for mange føtter.» (5)

**Q:** Hvem inspirerte deg til å bli forfatter?

**A:** Min bestefar, general Wadsworth, som jeg av og til tilbrakte sommerferiene sammen med på gården hans, skrev satiriske vers. Han var en fantastisk historieforteller og hadde en stor mengde personlige minner fra tiden på Harvard og i hæren, fra da han ble tatt til fange av britene og rømte fra Fort George i Castine. Alt dette gjorde inntrykk på mitt lettpåvirkelige sinn. (6)

**Spørsmål:** Har du alltid vært lidenskapelig opptatt av å gå?

**A:** Ja, det har alltid vært min viktigste mosjon. Når snøen var dyp, hogg jeg ved, og det syntes jeg var ganske slitsomt. Som en nødløsning skrev jeg en gang til min far: «Jeg har tegnet et bilde på skapdøren min, omtrent på min egen størrelse, og når jeg føler at jeg mangler mosjon, tar jeg av meg frakken, og når jeg ser på dette bildet som en forsvarsstilling, gjør jeg mine bevegelser som om jeg var i kamp. Dette er en meget klassisk fornøyelse, og jeg er allerede blitt en ganske dyktig bokser.» (7)

**Q:** Kunne du tenke deg å lese et av diktene dine?

**A:** Det ville være meg en ære:

**BYGGERNE**

Alle er skjebnens arkitekter,
som arbeider i tidens murer;
Noen med massive gjerninger og store,
Noen med ornamenter av rim.

Intet unyttig er, eller lavt;
Hver ting på sin plass er best;
Og det som synes bare tomt show
Styrker og støtter resten.

For strukturen som vi reiser,
Tiden er fylt med materialer;
Våre dager i dag og i går
Er blokkene som vi bygger med

Virkelig forme og forme disse;
La ingen gapende hull mellom;

Tenk ikke, for ingen ser,
Slike ting vil forbli usett.
I kunstens eldre dager,
Bygningsmenn utførte med største omhu
Hver minste og usynlige del;
For gudene ser overalt.
La oss gjøre vårt arbeid like godt,
Både det usynlige og det synlige;
Gjør huset, hvor gudene kan bo,
Vakkert, helt og rent.
Ellers er våre liv ufullstendige,
Stående i disse tidens vegger,
Ødelagte trapper, hvor føttene
Snubler når de prøver å klatre.
Bygg i dag, da, sterk og sikker,
Med en fast og bred base;
Og oppadstigende og sikkert
Skal morgendagen finne sin plass.
Bare slik kan vi nå
Til de tårn, hvor øyet
Ser verden som én stor slette
Og en grenseløs rekkevidde av himmel. (8)

**Spørsmål:** Du har samlet en fantastisk samling minner som du har utstilt i hjemmet ditt. Fortell meg om dem.

**A:** De sto i arbeidsværelset mitt, der stillheten bare ble brutt av klokkespillet fra den gamle klokken i hjørnet. Et bord i midten av rommet var dekket av bøker og papirer i en ryddig uorden som jeg er sikker på at enhver forfatter i din tid kan kjenne seg igjen i.

På det samme bordet sto Samuel Taylor Coleridges blekkskrin, en skatt, med et tidlig bind av diktene hans, skrevet med hans egen håndskrift, som var så skranglete som et genis håndskrift burde være.

Blant bildene i rommet var det fargestiftbilder av Emerson, Sumner og Hawthorne, alle tatt da disse berømte mennene var i sin ungdoms blomstring.

Vi kunne brukt hele dagen på å diskutere tingene som var utstilt i mitt arbeidsværelse. Bare i det ene skapet var det en bit av Dantes kiste, en sylinder med noen strålende afrikanske biller, to stokker (den ene var laget av reservestykket fra skipet som «The Star Spangled Banner» ble skrevet på, og den andre var fra «Acadie» og var overkranset av et heslig hode som var min idé om «Evangeline». (9)

**Q:** Er det sant at en annen forfatter ikke fikk sjansen til å skrive om «Evangeline»?

**A:** Ja, faktisk var det en rektor ved en kirke i South Boston som hadde forsøkt å overtale Nathaniel Hawthorne til å bruke historien. Under en middag med de to sa jeg til Mr. Hawthorne: «Hvis du virkelig ikke vil ha denne hendelsen til en fortelling, så la meg få den til et dikt.» Jeg skrev ferdig «Evangeline» i 1847. (10)

**Q:** Det må også finnes en fascinerende historie om «The Ballad of the Schooner Hesperus»?

**A:** Den 17. desember 1839 var jeg plaget av tannpine og dyspepsi. Jeg husker at jeg skrev til min far: «Nyheter om forferdelige skipsforlis langs kysten. Tjue lik er skylt i land i nærheten av Gloucester, ett av dem er surret fast til en del av vraket. Det er et skjær som heter Norman's Woe der mange av disse forlisene fant sted, blant annet skonnerten Hesperus ... Jeg må skrive en ballade om dette.»

Nesten fjorten dager senere tok jeg igjen pennen fatt og skrev til min far: «Jeg satt i går kveld til klokken tolv ved peisen og røykte, da jeg plutselig kom i tanker om å skrive Balladen om skonnerten Hesperus, og det gjorde jeg så. Så gikk jeg til sengs, men kunne ikke sove. Nye tanker dukket opp, og jeg sto opp for å legge dem til balladen. Klokken var tre på natten. Så gikk jeg til sengs og sovnet. Jeg føler meg fornøyd med balladen. Den kostet meg knapt noen anstrengelse. Den kom ikke til meg i form av linjer, men i form av strofer.» (11)

**Q:** Kan jeg få lov til å lese diktet ditt «Pilen og sangen» sammen med deg mens vi går over broen?

**A:** Perfekt valg, min venn, perfekt valg!

**PILEN OG SANGEN**

Jeg skjøt en pil opp i luften,
Den falt til jorden, jeg visste ikke hvor
For så raskt den fløy, at synet
Kunne ikke følge den i dens flukt
Jeg pustet en sang i luften,
Den falt til jorden, jeg visste ikke hvor

For hvem har et så skarpt og sterkt syn
At det kan følge sangens flukt?
Lenge, lenge etterpå, i en eik
Fant jeg pilen, fortsatt ubrutt
Og sangen, fra begynnelse til slutt,
fant jeg igjen i en venns hjerte. (12)

**Spørsmål:** Har du noen råd til forfattere i år 2003 og fremover?

**A:** I 1850 skrev jeg: «Hvis jeg vil gjøre noe i litteraturen, må det gjøres nå. Få menn har skrevet god poesi etter at de har fylt femti. Jeg trodde det var et sant og godt råd helt til «Den gyldne legende» kom ut i 1851. De trykket 3500 eksemplarer, som ble utsolgt umiddelbart. Jeg var 56 år gammel. Det virker som om tanker, i likhet med barn, har sine svangerskapsperioder, og så blir de født, enten vi vil eller ikke. Dette var en observasjon jeg gjorde etter at jeg var ferdig med «Mannen med ljåen og blomstene». (13)

**Spørsmål:** Herr Longfellow, jeg har hatt glede av å vandre sammen med deg. Men jeg frykter at både vår tid og denne dagen nærmer seg slutten. Kunne du tenke deg å resitere et passende dikt for oss? Kanskje et som kan lukke gardinene for denne tiden vi har delt?

**A:** Å ja:

**DAGEN ER OVER**

Dagen er forbi, og mørket
Faller fra nattens vinger,

Som en fjær svever nedover
Fra en ørn i sin flukt
Jeg ser lysene i landsbyen
Glimte gjennom regn og tåke,
Og en følelse av tristhet kommer over meg
Som min sjel ikke kan motstå
En følelse av tristhet og lengsel,
som ikke er beslektet med smerte,
Og ligner bare sorg
Som tåken ligner regnet
Kom, les et dikt for meg,
Et enkelt og inderlig dikt
som kan berolige denne rastløse følelsen,
Og fordrive dagens tanker
Ikke fra de store, gamle mestere,
Ikke fra de store skaldene,
hvis fjerne fotspor ekko
Gjennom tidens korridorer
Som toner av krigersk musikk,
Deres mektige tanker antyder
Livets endeløse slit og strev
Og i kveld lengter jeg etter hvile
Les fra en ydmyk poet,
hvis sanger strømmet fra hans hjerte,
Som regn fra sommerens skyer,
Eller tårer fra øyelokkene begynner
Som, gjennom lange dager med arbeid,
Og netter uten letthet,
Hørte fremdeles i sin sjel musikken

Av vidunderlige melodier
Slike sanger har makt til å stille
Den rastløse pulsen av omsorg,
Og kommer som velsignelsen
Som følger etter bønn.
Så les fra det dyrebare bindet
Det dikt du velger
Og lån til poetens rim
Din stemmes skjønnhet
Og natten skal fylles med musikk,
Og bekymringene som plager dagen,
Skal folde sine telt som araberne,
Og like stille snike seg bort. (14)

Mr. Longfellow ble værende, dvelende, svevende forsiktig ut av mitt syn med min hånd i sin. Våre sjeler skiltes, og ingen annen hyllest kunne være mer passende enn den som den ærverdige J. D. Long skrev ved Mr. Longfellows død:

«Det er en fattig banalitet å si at Longfellow er folkets dikter, for ingen dikter er en stor eller sann dikter, som ikke er det. Store menns liv minner oss ikke så mye om at vi kan gjøre våre liv sublime, som om at våre liv ER sublime, hvis vi bare ikke forkludrer eller fornedrer dem.

Ikke ved å sette melodi på noe som er hinsides og over deg og meg, ikke ved å puste inn en musikk så utsøkt at den aldri skjelver i våre fantasier og bønner, stiger dikteren til fortreffelighet; men ved å gi uttrykk for de følelser, den finere hensikt, den edelhet, som er i den store felles natur, - i sjømannen oppe i vantene, i jomfruen surret til den flytende masten, i moren som legger bort barnet sitt, i skolegutten ved sin oppgave eller lek, eller teller gnistene som flyr fra smedens smie, i mannen på sitt arbeid eller når han hviler fra det, plyndret av blåøyde banditter fra trappa og hallen.

Så dikteren lærer oss ikke vår ulikhet fra ham, men vårt nivå med ham, ikke vår gjerrighet, men vår opphøyethet. Musikken han skrev, ligger uskrevet i oss. La oss synge den i våre liv, som vi kan, slik han sang den fra sin penn, som vi ikke kan.» (15)

*Du vil få lyst til å lese alle verkene hans, men her er en liste over noen av mine favoritter som kan hjelpe deg i gang.*

Evangeline
Hiawatha
Hesperus' forlis
En salme om livet
Excelsior
Hymne til natten
Min tapte ungdom
Slavens drøm
Stjernenes lys
Englenes fotspor
Poesiens ånd
Livets beger
**Farvel for denne gang!**
**Cathy McGough**

## Din intervjuer av legendariske forfattere fra det hinsidige

**Din intervjuer av legendariske forfattere fra det hinsidige**

# «BANJOEN» PATERSON ER TILBAKE

For å feire Australia Day 2002, (26. januar) har vi bestemt oss for å kontakte A. B. «Banjo» Paterson. Paterson ble født 17. februar 1864 i Narambla i New South Wales.

Mens Madame Delatour forberedte kontakten med Paterson, benyttet jeg anledningen til å lese hans mest kjente verk - «Waltzing Matilda», som ble skrevet i 1895 i Queensland. For å gjøre det lettere for deg å lese, har jeg satt stjerner ved ord du kanskje lurer på betydningen av. Du finner definisjonene rett under balladen.

**VALSENDE MATILDA**

Å, det var en gang en *swagman som slo leir i *billabongs,

Under skyggen av et *Coolabah-tre

Og han sang mens han så på den gamle *billy som kokte,

«Hvem vil bli med meg og danse Matilda?»

CHOR

Hvem vil komme dansende Matilda, min kjære?

Hvem vil danse Matilda med meg?

Valsende Matilda og med en vannpose,

Hvem vil danse Matilda med meg?

Opp kom *jumbokokken for å drikke ved vannhullet,

Opp hoppet svipperen og grep ham i glede

Og han sang mens han la ham i sin *tucker-bag,

«Du kommer dansende Matilda med meg.»

Gjenta koret

Opp kom *squatteren ridende på sin fullblods;

Opp kom politimenn - en, to og tre.

«Hvem er den jumbucken du har i tucker-bagen?

Du kommer a-waltzing Matilda med oss.»

Gjenta koret

Opp sprang svindleren og hoppet i vannhullet,

og druknet seg ved Coolabah-treet;

Og stemmen hans kan høres når den synger i billabongs,

«Hvem vil bli med meg og danse Matilda?» (1)

Gjenta koret

*Swagman = lik en landstryker - en mann som krysset ødemarken til fots og gjorde småjobber i bytte mot mat eller penger. Hvorfor «Swagman»? Oppkalt etter sin «Swag Roll» - en slags ryggsekk som han festet over skuldrene og bar alle sine verdslige eiendeler i.

*Billabong = Et vannhull.

*Coolabah = Den innfødte eukalyptusen (Eucalyptus micro theca).

*Billy = en vannkoker.

*Jumbuck = En mal sau (aboriginsk «hoppe opp»)

*Squatter = En person som ulovlig okkuperer en annen persons eiendom

eiendom *Tuckerbag = Som en matpose.

Madame Delatour varslet meg om at Mr. Paterson ville ankomme i løpet av kort tid, og uten videre var han der.

Han hadde kort, svart hår, sideskilt og mørke, vennlige øyne. Han var iført marineblå dress, hvit skjorte med høy krage, blå kravatt og skinnhatt, som han vippet på for å hilse på meg. (2)

Han pustet inn lukten av tyggegummitrærne som omkranser balkongen vår, og lente seg fremover og betraktet stien som slynger seg foran huset vårt. Han håpet tydeligvis å se en hest eller to galoppere forbi og kaste opp den røde australske jorden med hovene. I stedet ble han trollbundet av en ung mann som suste forbi på en scooter! Han nippet til et glass iste mens han ventet på mitt første spørsmål.

**Q:** Hvordan ble du kjent som «The Banjo»?

**A:** Jeg tok tilnavnet etter en veddeløpshest som familien min eide. Da jeg var 22 år gammel, skrev jeg mitt første signerte bidrag, og det ble publisert i «The

Bulletin» den 12. juni 1886. Balladen het «The Bush Fire», og etter det ble navnet bare sittende fast. (3)

**Spørsmål:** J. F. Archibald grunnla «The Bulletin» i 1800, og det går historier om at han var svært hard. Hvordan var ditt første møte med ham?

**A:** J. F. var alltid på utkikk etter nye forfattere og kom over noen av mine arbeider. Jeg ble innkalt til kontoret hans, og så gikk jeg opp en skitten trapp i Pitt St. 24, helt til jeg sto foran en dør merket Mr. Archibald, Editor. På døren var det festet en livlig tegning av en gentleman som lå helt løs på stranda med en dolk gjennom seg, og på tegningen var det skrevet «Archie, dette er hva som vil skje med deg hvis du ikke bruker tegningen min om politimannen!» Det gjorde meg veldig glad. Dette var tydeligvis et fritt og enkelt sted.

I et intervju på ti minutter sa han at han gjerne ville at jeg skulle prøve meg på noen flere vers. Visste jeg noe om bushen? Jeg fortalte ham at jeg var oppvokst der.

«Greit,» sa han, »prøv deg på bushen. Prøv deg på alt som faller deg inn. Ikke skriv noe som andre folk, hvis du kan unngå det. La oss se hva du kan gjøre.» (4)

**Q:** Bush Songs var populære på den tiden, men du gjorde dem om til Anthems.

**A:** Bush Songs bør høres til akkompagnement av klirrende sakser når stemmen til en fåreklipper stiger opp gjennom støyen som forårsakes av hastverket og maset i et klippeskur, sauenes skrangling i innhegningene og plukkernes hastverk; eller når kveget på veiene er urolige på leiren sin om natten og mannen på vakt, som rir rundt dem, slår an «Bold Jack Donahue» for å roe nervene deres litt ... Den sanne buskmannen skynder seg aldri med sangene sine. De er laget for å få tiden til å gå på lange reiser eller langsomme, slitsomme rideturer etter sauer eller slitne kveg; så sangene synges samvittighetsfullt gjennom - refreng og det hele - og de tre siste ordene i sangen blir alltid sagt, aldri sunget. (5)

**Spørsmål:** Vil du gjøre oss den ære å resitere en av dine ballader for oss? Hva med en jernbanesang?

**A:** En forespørsel, hva sier du til det!

**DEN FLYVENDE GJENGEN**
Jeg har tjent min tid, i gamle dager,
I jernbanens larm og klang,
Og jeg jobbet meg til slutten,
og jeg var leder av «Den flyvende gjeng
Det var en utvalgt gjeng som ble holdt for hånden
i tilfelle et presserende behov,
Om det var sør eller nord, ble vi sendt ut
og av sted i full fart.
Hvis byen fikk høre at en bro var ødelagt,
ringte den ufravikelige innkallingen.
«Kom ut med pilotmotoren,
og vekk med den flygende gjengen.»
Så et gjennomtrengende skrik og et rush av damp
Da lokomotivet beveget seg fremover,
Med et avmålt slag av slummen og gaten

Av den travle byen vi flyktet,
forbi det lyse høylandet og de hvite gårdene,
Med suset av den vestlige stormen,
Og losen svaiet i takt med farten vi gjorde
Mens hun gynget på den ringende relingen.
Og barna på landet klappet i hendene
Da motorens ekko ringte,
Men de eldre sa: «Det er arbeid i vente
Når de sender bud etter den flyvende gjengen.»
Så over de milevis av saltbusksletten
som skinte av morgendugg,
Der gresset bølget som modent korn
fløy pilotmotoren,
Et brennende sus i det åpne buskaset
Der gradstegnene så ut til å fly,
Og ordren sprang på ledningene fremover,
Losen må gå forbi.
Guvernørens spesial må stå til side,
Og hurtigekspressen må henge,
La ordren være at linjen er fri
For guttene i den flygende gjengen. (6)

**Spørsmål:** Jeg håper å få intervjue Rudyard Kipling en gang i fremtiden, og jeg tror han var en av dine kamerater. Har du noen råd til meg?

**A:** Man forventer at et stort litterært geni som Kipling på en eller annen måte er et misfoster: alkohol, kvinner, temperament, lediggang, uregelmessige vaner - nesten alle fortidens store forfattere har hatt en eller annen av disse ulempene, og noen av dem har hatt dem alle sammen. Byrons liv besto for det meste av lilla flekker; og Swinburne var ikke helten i sangen om den gode unge mannen som døde. Så da jeg dro for å bo hos Kipling i England, var jeg forberedt på bokstavelig talt hva som helst.

Kipling hatet publisitet, og i privatlivet var han bare en hardtarbeidende, fornuftig og sindig mann, uten noen forsonende laster som jeg kunne oppdage. Det var kanskje synd, for det er ingenting som er så interessant som skandaler om store genier. (7)

**Q:** Jeg tror Kipling besøkte Australia; fortalte han deg hva han syntes om det?

**A:** Ja, han sa: «Jeg må kjøpe et hus i Australia en dag. Jeg har et hus i New York og i Cape Town, men jeg vil gjerne bo i Australia en stund. Jeg har vært der, men jeg har bare gått gjennom det som djevelen gikk gjennom Athlone, i stående hopp. Du kan ikke lære noe om et land på den måten. Du må bo der, og da kan du forstå ting riktig. Dere i Australia har ikke blitt voksne ennå. Dere tror at «Melbourne Cup» er det viktigste i verden.» (8)

**Q:** Du stiftet også bekjentskap med en ung Winston Churchill?

**A:** I hærens øyne er en krigskorrespondent et onde som må tolereres. Som australier, steeplechase-rytter og polospiller hadde jeg et (muligens fiktivt) rykte som hestedommer, og jeg ble stadig bedt om å plukke hester for offiserene i remonte-depotene. På den måten ble jeg kjent med kjendiser som lord Roberts,

French, Haig, Churchill og Kipling, og jeg oppnådde en status i hæren som jeg aldri ville ha nådd som korrespondent.

Churchill hadde en så sterk personlighet at selv i de første dagene, da han var en ganske ung mann, var hæren villig til å vedde på at han enten ville havne i fengsel eller bli statsminister. Han hadde vært soldat, men han hadde en forbløffende evne til å sette seg opp mot sine overordnede og underordnede offiserer. (9)

**Spørsmål:** Paterson, mange av karakterene dine var så jordnære at leserne trodde at du skrev om folk du kjente. Fantes det virkelig en mann fra Snowy River?»

**A:** «The Man from Snowy River» ... ble skrevet for å beskrive oppryddingen av villhestene i mitt eget distrikt. For å få det til måtte jeg skape en karakter, forestille meg en mann som kunne ri bedre enn noen annen, og hvor skulle han komme fra, bortsett fra Snowy? Og hva slags hest skulle han ri, bortsett fra en halvblods fjellponni? Jeg var sikker på at det måtte ha vært en mann fra Snowy River, og jeg hadde rett. De har dukket opp fra alle fjelldistriktene - menn som har ridd nøyaktig den samme turen og som kunne fortelle deg kapittel og vers for hver mil de har ridd nedover og hver bekk de har krysset. Det var en stor tilfredsstillelse at det virkelig hadde vært en mann fra Snowy River - mer enn én av dem ... (10)

**Spørsmål:** Min sønn Simon elsker mange av diktene du har skrevet for barn. Favorittene hans er de om flygeekornene og nebbdyret. Hvis jeg ringer ham, kan du lese for ham?

**A:** Det skal være meg en glede.

*Jeg gikk ut fra balkongen og forklarte min fem år gamle sønn Simon at han skulle få møte «Banjo» Paterson. Simon var kledd i Spiderman-kostymet sitt og fikk noe som så ut til å være et fast håndtrykk fra Mr. Paterson. «The Banjo» inviterte deretter Simon til å sitte på kneet hans mens han leste opp diktene sine:*

**FLYGENDE EKORN**

På det forrevne vannskuret

På toppen av ridesporet

Hvor for mange år siden, som de gamle sier

Der gikk splitterne med en oksekjerre

Men aldri kom en vogn tilbake

Når tyggegummitreet blomstrer,

Når duften i luften er sterk,

Og blomsten rører seg i kveldsbrisen,

kan du se ekornene blant trærne,

leke hele natten lang.

Aldri en bekymring i det hele tatt

Forstyrrer deres enkle hjerner

Du kan se dem gli i måneskinnet

Fra tre til tre og fra gren til gren,

Små grå flyvemaskiner

Hver som en hasselmus sover

I tuten på et gammelt tyggegummitre,

En pelskule med sølvfarget pels

Hver med en hale rundt halsen

Av frykt for å bli forkjølet.
Dette er det han spiser,
og ber vennene sine om å spise:
møll og biller og nyfødte skudd,
Honning og snacks av de innfødte fruktene,
Og et glass dugg til vin (11)
*Simon klappet i hendene mens «Banjo» bladde gjennom boken til han fant den han ville lese:*

**GAMLE MANN NEBBDYR**
Langt fra byens problemer og slit,
Hvor sivbedene feier og skjelver,
Se på fragmentet av fløyelsbrunt -
Old Man Platypus driver nedover,
driver langs elven.
Og han leker og dykker i elvesvingene
I en stil som er svært unnvikende
Med få slektninger og færre venner,
For Old Man Platypus nedstammer
Fra en svært unnvikende familie
Han deler sin hule under elvebredden
Med sin kone og sin sønn og datter
Ved røttene av sivet og gresset;
Og boblene viser hvor vår helt sank
Til sin inngang under vann
Trygt i hulen under fossen
De lever i en verden av undring,
Hvor ingen kommer på besøk og ingen roper,
De sover som små, brune biljardkuler
Med nebbet godt gjemt under.

*Mr. Paterson følte at det var på tide for ham å gå. Han ville ikke skremme Simon, så han klappet ham forsiktig på hodet og overlot ham til meg. Han gikk nedover korridoren og ut av Simons synsfelt. Så snudde han seg, smilte, tippet på hatten - og forsvant. Jeg ble dratt tilbake til virkeligheten da Simon dro i skjorten min. Han begynte å bli utålmodig etter å avslutte sitt elskede dikt:*

Og han snakker med en dyp, uvennlig knurring
Mens han går ensom på sin reise
For han er ikke i slekt med fisk eller fugl,
Hverken til fugl eller dyr, heller ikke til hornugle;
Faktisk er han den eneste ene! (12)

Simon og jeg fortsatte å lese til langt på natt, helt til han sovnet i armene mine. Jeg tror ikke Simon skjønner betydningen av å møte «The Banjo» Paterson i sitt eget hjem. Kanskje han gjør det en dag.

*Les disse... De er alle kjempegode!*
Mannen fra Snowy River og andre vers
Saltbush Bill J.P. og andre vers
Singer of the Bush
Pennens sang
Banjo Paterson - En skattkiste for barn
Banjo Patersons australlere
Snowy River Riders
Three Elephant Power og andre historier
Old Schooldays
Mannen som var borte
Pannikin-poeten
O'Sullivans rim

Veien til Gundagai

Buskebrannen - en allegori

En drøm om Melbourne Cup

Clancy Overflow

Hypnotisøren

**Hoo-roo!**

**Cathy McGough**

**Din intervjuer av legendariske forfattere fra det hinsidige**

# THOREAU PÅ WALKABOUT

I DAG SKAL VI ta en morgenvandring med en mann som hadde en poets sjel. Han heter Henry David Thoreau, og han ble født 12. juli 1817 i Concord, Massachusetts. Da han døde, 45 år gammel, hadde de to bøkene han hadde utgitt, solgt elendig. For Henry David Thoreau gikk sannelig «til lyden av en annen trommeslager».

(Unnskyld meg et øyeblikk, mens jeg sjekker hvordan det går med Madame Delatours kontakt med Mr. Thoreau).

Madame Delatour har tydeligvis ikke fått tak i Thoreau i dag tidlig, selv om han har sagt seg villig til å stille opp til et intervju med oss i dag. Hun foreslo at jeg skulle begynne å gå, og at hun skulle ta ham med seg for å få tak i meg straks.

Jeg følte meg litt opprørt, men gikk med på ideen og var veldig glad for å komme meg ut i morgenluften. Jeg er egentlig ikke noe «morgenmenneske» - men når jeg først kommer ut i luften, kan jeg som regel holde følge med de beste.

Jeg begynte å gå nedover stien, forbi tyggegummitrærne, da jeg fikk øye på en kookaburraunge som satt i armene sine. Jeg stoppet opp for å lage lyden av en kookaburra, men den kjente ikke igjen min forvrengte versjon av latteren sin og ga meg liten oppmerksomhet. Øgler løp planløst mens jeg beveget meg langs oppkjørselen og ut på gaten.

Jeg stoppet et øyeblikk for å tenke over hvilken rute herr Thoreau ville like best, og bestemte meg for å gå et stykke over broen og vente på ham der.

Jeg sto på broen og så ned mens solen danset på speilbildet mitt. Jeg leste et av Thoreaus dikt høyt:

**FISKERENS GUTT**
Mitt liv er som en spasertur på stranden,
Så nær havets kant som jeg kan gå
Mine sene skritt når bølgene noen ganger over,
Noen ganger blir jeg for å la dem flyte over.
Min eneste oppgave er, og samvittighetsfull omsorg,
Å plassere mine gevinster utenfor tidevannets rekkevidde, -
Hver glattere rullestein, og hvert skjell mer sjeldne,
Som havet vennlig til min hånd betror.
Midthavet
*På dette punktet avsluttet Thoreau den siste strofen*
Det midterste havet inneholder ingen karmosinrød dulse,
Dets dypere bølger kaster ikke opp noen perler å se

Langs kysten er min hånd på dens puls,

Og jeg snakker med mangt et skipbrudent mannskap. (1)

Madame Delatour og jeg applauderte kraftig. Mr. Thoreau tok av seg hatten og bukket. Jeg strakte ut hånden og ønsket ham velkommen til Cooks River i Sydney, Australia, men han så ikke ut til å legge merke til meg. Madame Delatour hadde hans fulle oppmerksomhet.

Mr. Thoreau komplimenterte madame Delatour for hennes sjarmerende utseende. Han løftet hånden hennes og holdt den mot hjertet, mens han så henne dypt inn i øynene. Han tok hånden hennes, kysset den lidenskapelig og spurte om hånden hennes var «lovet» til noen.

Madame Delatour er sjelden tom for ord, men denne gangen kunne hun ikke snakke. Hun passet på å ikke fornærme herr Thoreau, som ikke var hennes type, mumlet noe og sa adjø. Jeg har aldri sett noen med høye hæler gå så fort!

Mr. Thoreau så Blanchetta forsvinne ut av syne, og så ruslet han sammen med meg over trebroen. En fisk hoppet og så ut til å vinke med halen som en hilsen, og herr Thoreau stoppet for å vinke tilbake til den.

*Klokken var nesten seks om morgenen, og Thoreau ga meg en kompliment. Han antok at siden jeg var ute og gikk i de små timer om morgenen, var dette min faste rutine.*

*Jeg ville nødig ødelegge illusjonen hans - men følte behov for å tilstå, og det gjorde jeg, og dette var svaret hans:*

Morgenluft! Hvis du ikke vil drikke av den ved dagens begynnelse, ja, da må vi til og med tappe litt av den på flasker og selge den i butikkene, til fordel for dem som har mistet sin abonnementsbillett til morgentid i denne verden!

Du må lære å våkne opp igjen og holde deg våken, ikke ved hjelp av mekaniske hjelpemidler, men ved en uendelig forventning om morgengryet, som ikke forlater deg i din dypeste søvn. Jeg kjenner ikke til noe mer oppmuntrende faktum enn menneskets ubestridelige evne til å løfte sitt liv ved en bevisst innsats. Det er noe å kunne male et bestemt bilde, eller å hugge en statue, og på den måten gjøre noen få gjenstander vakre; men det er langt mer strålende å hugge og male selve atmosfæren og mediet som vi ser gjennom, noe vi moralsk sett kan gjøre. Å påvirke dagens kvalitet, det er den høyeste av alle kunstarter. Det er hver enkelt menneskes oppgave å gjøre sitt liv, selv i dets detaljer, verdt å betrakte i sin mest opphøyde og kritiske stund. Hvis vi avviste, eller rettere sagt brukte opp, den beskjedne informasjonen vi får, ville oraklene tydelig informere oss om hvordan dette kan gjøres. (2)

*Jeg forklarte teorien om å være et «morgenmenneske» i motsetning til å være et «ettermiddags-» eller «kveldsmenneske» ... hvordan noen mennesker ikke er helt omgjengelige før på en bestemt tid av dagen. Til dette utbrøt han*

Pshhha! Snart kommer du til å fortelle meg at du føler deg komfortabel med å gå langs ulendte stier - iført helt upassende sko for oppgaven!

*Jeg så ned på de svarte, ankelhøye støvlene mine med den søte, lille pigghælen på 2 tommer og kunne ikke annet enn å le.*

**Q:** Siden vi allerede har vært inne på temaet, hva er din mening om mote?

**A:** Sjefsapen i Paris tar på seg en reisehatt, og alle apene i Amerika gjør det samme. Hovedformålet er ikke at menneskeheten skal være godt og ærlig kledd, men utvilsomt at selskapene skal berike seg. (3)

**Spørsmål:** Ting har ikke forandret seg mye selv i dag, herr Thoreau. Verden skriker fortsatt etter den nyeste moten, og noen av dem ville sjokkere deg! Hva synes du om forandring?

**A:** All forandring er et mirakel å betrakte, men det er et mirakel som skjer hvert eneste øyeblikk. Konfucius sa: «Å vite at vi vet hva vi vet, og at vi ikke vet hva vi ikke vet, det er sann kunnskap.» Når ett menneske har redusert et fantasifullt faktum til et faktum for sin egen forståelse, forutser jeg at alle mennesker etter hvert vil legge dette til grunn for sine liv. (4)

**Spørsmål:** Kunne du tenke deg å lese et dikt for oss?

**A:** Jeg dedikerer dette til deg, Cathy:

**VENNSKAP**

Jeg tenker en stund på kjærlighet, og mens jeg tenker,
Kjærlighet er for meg en verden,
Eneste kjøtt og søteste drikke,
Og det tette bindeledd
Mellom himmel og jord.
Jeg vet bare at det er, ikke hvordan eller hvorfor,
Min største lykke;
Hvor hardt jeg enn prøver,
Ikke om jeg skulle dø,
Kan jeg forklare.
Jeg vil gjerne spørre min venn hvordan det kan være,
Men når tiden kommer
Da er kjærligheten vakrere
enn noe annet for meg,
Og derfor er jeg stum.
For hvis sannheten var kjent, Kjærlighet kan ikke tale,
Men bare tenker og gjør;
Men ut vil den sikkert lekke
Uten hjelp av gresk,
Eller noe annet språk.
En mann kan elske sannheten og praktisere den,
Skjønnhet han kan beundre,
Og godhet ikke utelate,
Så mye som kan passe
Å ærefrykt.
Men bare når disse tre sammen møtes,
Som de alltid tilbøyelig,

Og gjør en sjel til sete,
Og favoritt retreat,
Av skjønnhet;
Når under beslektet form, som kjærlighet og hat
Og en beslektet natur,
Proklamerer oss å være kamerater,
Utsatt for like skjebner
Evig;
Og hver kan andre hjelpe, og tjeneste gjøre,
Og kjærlighetens bånd tettere knyttes,
Tjeneste han aldri skal angre
Mens en og en gjør to,
Og to er ett;
I slike tilfelle bare doth mennesket fullt ut bevise
Fullt som mennesket kan gjøre,
Hvilken kraft det er i kjærlighet
Hans innerste sjel til å bevege
Motstandsløst.
To solide eiketrær jeg mener, som side om side
Tåler vinterens storm,
Og til tross for vind og tidevann,
Vokser opp engens stolthet,
For begge er sterke
Over de så vidt berører, men undergravd
Ned til deres dypeste kilde,
Beundrende skal du finne
Deres røtter er flettet sammen
Insep'rably. (5)

**Spørsmål:** Jeg likte veldig godt å lese boken din «WALDEN». Jeg kunne ikke annet enn å misunne deg din unike situasjon og ditt mot. Hva var det viktigste du lærte?

*For de av dere som ikke vet det, så dro Thoreau til Walden Pond, hvor han bygde seg en hytte som han levde av i 1845-47.*

**Svar:** Jeg lærte at hvis man går selvsikkert i retning av drømmene sine og forsøker å leve det livet man har forestilt seg, vil man oppleve en suksess som man ikke forventer til vanlig. Vi vil legge noe bak oss, passere en usynlig grense; nye, universelle og mer liberale lover vil begynne å etablere seg rundt og i oss, eller de gamle lovene vil bli utvidet og tolket til vår fordel i en mer liberal forstand, og vi vil leve med tillatelse fra en høyere orden av vesener. I takt med at vi forenkler vårt liv, vil universets lover fremstå som mindre komplekse, og ensomhet vil ikke være ensomhet, og fattigdom vil ikke være fattigdom, og svakhet vil ikke være svakhet. Hvis du har bygget luftslott, trenger ikke arbeidet ditt å gå tapt; det er der de skal være. Nå må du legge fundamentet under dem. (6)

**Q:** Du bygde ditt eget loft på «Walden», anbefaler du andre å ta på seg en slik oppgave?

**Svar:** Det er noe av den samme nytten i å bygge sitt eget hus som det er i at fuglene bygger sitt eget rede. Hvem vet om ikke alle mennesker ville utvikle sin poetiske evne, slik fuglene synger når de er opptatt av det, hvis de bygde sine boliger med egne hender og sørget for mat til seg selv og sin familie på en enkel og ærlig måte? Men akk! Vi gjør som kufugler og gjøk, som legger eggene sine i reir som andre fugler har bygget, og som ikke oppmuntrer noen reisende med sine skravlende og umusikalske toner. (7)

**Spørsmål:** Noen er byggere, noen er drømmere - du tror vel ikke at alle mennesker har evnen til å gjøre det du gjorde?

**A:** Alle barn begynner verden på nytt, til en viss grad, og elsker å være utendørs, selv i vått og kaldt vær. Det leker hus, så vel som hest, og har et instinkt for det. Hvem husker ikke med hvilken interesse de som små så på fjellhyllene eller inngangen til en hule? Det var den naturlige lengselen til den delen av våre mest primitive forfedre som fortsatt har overlevd fra oss. Fra hulen har vi gått videre til tak av palmer, av bark og grener, av lin vevd og strukket, av gress og halm, av bord og takspon, av stein og tegl. Til slutt vet vi ikke hva det vil si å leve under åpen himmel, og våre liv er hjemlige i flere betydninger enn vi tror. Det er langt fra hjertet til marken. Det ville kanskje være godt om vi tilbrakte flere av våre dager og netter uten noen hindring mellom oss og himmellegemene, om dikteren ikke talte så mye under et tak, eller helgenen ikke bodde der så lenge. Fugler synger ikke i huler, og duer verner ikke om sin uskyld i dueslag. (8)

**Spørsmål:** Sønnen min skal begynne på skolen i år, og min mann og jeg bekymrer oss allerede for fremtiden hans. Har du noen råd til oss?

**A:** Hvis jeg ønsket at en gutt skulle vite noe om kunst og vitenskap, for eksempel, ville jeg ikke følge den vanlige fremgangsmåten, som bare er å sende ham i nærheten av en eller annen professor, hvor alt annet enn livskunst bekjennes og praktiseres; - å undersøke verden gjennom et teleskop eller et mikroskop, og aldri med sitt naturlige øye; å studere kjemi, og ikke lære hvordan brødet hans lages, eller mekanikk, og ikke lære hvordan det tjenes; å oppdage nye satellitter til Neptun, og ikke oppdage møllene i øynene hans, eller for hvilken vagabond han selv er en satellitt; eller å bli fortært av monstrene som svermer rundt ham, mens han betrakter monstrene i en dråpe eddik.

Hvem ville ha kommet lengst når måneden var omme - gutten som hadde laget sin egen springkniv av malmen han hadde gravd og smeltet, og lest så mye som var nødvendig for dette, - eller gutten som i mellomtiden hadde fulgt forelesningene om metallurgi på instituttet og fått en Rogers' lommekniv av sin far? Hvilken ville mest sannsynlig kutte fingrene? (9)

**Spørsmål:** Takk for rådene dine. Det er ingen tvil om hvilken gutt jeg helst vil at min sønn skal være. Herr Thoreau, du har sittet i fengsel en tid. Kan du beskrive hva som skjedde og hvorfor du var der?

**Svar:** Jeg betalte ikke valgskatt på seks år. En gang ble jeg satt i fengsel en natt på grunn av dette, og mens jeg sto og betraktet de to-tre meter tykke murene av massiv stein, døren av tre og jern, en fot tykk, og jerngitteret som hindret lyset i å slippe inn, kunne jeg ikke unngå å bli slått av tåpelighetene ved denne institusjonen, som behandlet meg som om jeg bare var kjøtt, blod og bein som skulle sperres inne. Jeg undret meg over at den til slutt hadde kommet til at dette var det beste den kunne bruke meg til, og aldri hadde tenkt på å benytte seg av mine tjenester på en eller annen måte.

Jeg innså at om det var en mur av stein mellom meg og mine byfolk, så var det en enda vanskeligere mur å klatre over eller bryte gjennom før de kunne bli like frie som jeg var. Jeg følte meg ikke et øyeblikk innesperret, og murene virket som et stort sløseri med stein og mørtel. Jeg følte det som om jeg alene av alle mine byfolk hadde betalt min skatt. De visste tydeligvis ikke hvordan de skulle behandle meg, men oppførte seg som mennesker som ikke er oppdratt. I hver trussel og i hver kompliment lå det en bommert, for de trodde at mitt største ønske var å stå på den andre siden av den steinmuren. Jeg kunne ikke annet enn smile av å se hvor flittig de låste døren for mine formidlinger, som fulgte dem ut igjen uten å la seg hindre, og de var egentlig alt som var farlig. Da de ikke kunne nå meg, hadde de bestemt seg for å straffe kroppen min. Jeg så at staten var halvvittig, og jeg mistet all min siste respekt for den og syntes synd på den. (10)

**Spørsmål:** Hvis du aldri følte deg fanget, slik de hadde tenkt at du skulle føle deg, tror du at du oppdaget noen ting om deg selv som du ellers kanskje aldri ville ha fått vite?

**A:** Det var som å reise inn i et fjernt land som jeg aldri hadde forventet å se, å ligge der en natt. Det forekom meg at jeg aldri før hadde hørt byklokken slå, og heller ikke kveldslydene fra landsbyen; for vi sov med åpne vinduer, som var innenfor gitteret. Det var å se min hjemby i middelalderens lys, og vår Concord ble forvandlet til en Rhin-strøm, og visjoner av riddere og slott passerte foran meg. Det var de gamle borgernes stemmer jeg hørte i gatene. Jeg var en ufrivillig tilskuer og tilhører til alt som ble sagt og gjort på kjøkkenet i den tilstøtende landsbykroen - en helt ny og sjelden opplevelse for meg. Det var et nærmere innblikk i min hjemby. Jeg var så å si inne i den. Jeg hadde aldri sett dens institusjoner før. Dette var en av dens særegne institusjoner, for det var en grevskapsby. Jeg begynte å forstå hva dens innbyggere drev med. (11)

**Spørsmål:** Var du glad for å bli løslatt?

**A:** Da jeg kom ut av fengselet - for noen grep inn og betalte skatten - oppfattet jeg ikke at det hadde skjedd store forandringer på allmenningen, slik som den som gikk inn som ung og kom ut som en vaklende og gråhåret mann; og likevel hadde det i mine øyne skjedd en forandring - i byen, i staten og i landet - som var større enn noe som bare tiden kunne forårsake. Jeg så enda tydeligere den staten jeg levde i. Jeg så i hvilken grad jeg kunne stole på de menneskene jeg bodde blant som gode naboer og venner; at deres vennskap bare var for sommerværet; at de ikke i særlig grad hadde til hensikt å gjøre det rette; at de var en annen rase enn meg på grunn av sine fordommer og sin overtro. At de i sine offer for menneskeheten ikke løp noen risiko, ikke engang for sin eiendom; at de tross alt ikke var så edle, men at de behandlet tyven som han hadde behandlet dem, og håpet ved en viss ytre overholdelse og noen få bønner, og ved å gå på en bestemt rett, men unyttig sti fra tid til annen, å redde sine sjeler. Dette er kanskje å dømme mine naboer hardt, for jeg tror at mange av dem ikke var klar over at de hadde en slik institusjon som et fengsel i landsbyen sin. (12)

**Spørsmål:** Ble du behandlet annerledes da du kom tilbake til samfunnet?

**A:** Det var tidligere skikk i landsbyen vår at når en fattig skyldner kom ut av fengselet, hilste hans bekjente på ham ved å se gjennom fingrene, som var krysset for å representere gitteret i et fengselsvindu: «Hvordan har du det?»

Mine naboer hilste ikke slik på meg, men så først på meg og så på hverandre, som om jeg var kommet tilbake fra en lang reise. Jeg ble satt i fengsel da jeg var på vei til skomakeren for å hente en sko, som ble reparert. Da jeg ble sluppet ut neste morgen, gjorde jeg ferdig mitt ærend, og etter å ha tatt på meg den reparerte skoen, slo jeg meg sammen med et huckleberry-følge, som var utålmodige etter å komme under min ledelse; og i løpet av en halv time - for hesten ble snart taklet - var jeg midt i et huckleberry-felt, på en av våre høyeste åser, to miles unna, og da var staten ikke å se noe sted. Slik var historien om «Mine fengsler». (13)

**Q:** Hva er etter din mening skrivingens kraft?

**A:** Det skrevne ord er det fineste av alle relikvier. Det er noe som på en gang er mer intimt med oss og mer universelt enn noe annet kunstverk. Det er det kunstverket som er nærmest selve livet. Det kan oversettes til alle språk, og det kan ikke bare leses, men faktisk pustes ut av alle menneskers lepper; - ikke bare representeres på lerret eller i marmor, men hugges ut av selve livets pust. (14)

**Spørsmål:** Har du noen råd å gi til leserne i 2003 og fremover?

**A:** Enkelhet, enkelhet, enkelhet! Jeg sier: La dine forretninger være som to eller tre, og ikke hundre eller tusen; i stedet for en million, tell et halvt dusin, og hold regnskapet ditt på tommelfingerneglen. Forenkle, forenkle. I stedet for tre måltider om dagen, spis bare ett om det er nødvendig; i stedet for hundre retter, fem; og reduser andre ting i forhold. Uansett hvor slemt livet ditt er, møt det og lev det; ikke sky det og kall det harde navn. Det er ikke så ille som du er. Det ser fattigst ut når du er rikest. Feilfinneren vil finne feil selv i paradiset. Elsk livet ditt, hvor fattig det enn er. Du kan kanskje ha noen hyggelige, spennende, herlige timer, selv i et fattighus. Solnedgangen reflekteres i fattighusets vinduer like sterkt som i den rike manns bolig; snøen smelter foran døren like tidlig om våren. Jeg kan ikke se annet enn at et stille sinn kan leve like tilfreds der, og ha like oppmuntrende tanker, som i et palass. (15)

**Q:** Jeg vet ikke hvor mye tid som er igjen, men jeg vil gjerne høre deg resitere et dikt eller to til?

**A:** Disse to - gå hånd i hånd:

**RØYK**

LYSVINGET RØYK, Ikarisk fugl,

Smelter dine tinder i din oppadgående flukt;

Lerke uten sang og morgenrødens budbringer,

Sirkler over landsbyene som ditt rede;

Eller også, drømmen som forlater oss, og skyggeskikkelsen

Av midnattsyn, som samler dine skjørt;

Om natten stjerneskygge, og om dagen

Mørker lyset og utvisker solen;

Gå du, min røkelse, opp fra dette ildsted,

Og be gudene om tilgivelse for denne klare flamme.

**TÅKE**

Lavtliggende sky,

Newfoundlands luft,

Kilden til elver,

Dugg-duk, drømme-draperi,

Og serviett spredt av fays;

Luftens drivende eng,
Hvor blomstrer tusenfryd og fioler,
Og i hvis fenny labyrint
Rørdrummen bommer og hegren vasser;
Ånd av innsjøer og hav og elver,
Bær bare parfymer og duften
Av helbredende urter til rettferdige menneskers marker. (16)

**Q:** Mr. Thoreau, takk for at du opplyste min ånd med dine ord. Du er en sann poetens poet. Du begynner å falme, og din tid er i ferd med å renne ut.

**Svar:** Tiden er bare en strøm jeg fisker i. Jeg drikker av den; men mens jeg drikker, ser jeg sandbunnen og merker hvor grunn den er. Den tynne strømmen glir bort, men evigheten gjenstår. Jeg vil drikke dypere; fiske i himmelen hvis bunn er steinete av stjerner. Jeg kan ikke telle én. (17)

Henry David Thoreau forsvant nok en gang. Jeg regner med at han er mer verdsatt i himmelen enn han noen gang var her på jorden. Mens tankene mine fortsatte i den retningen, hvisket Henry David Thoreau plutselig gjennom trærne som en vindsang:

Hvis mennesket ikke holder tritt med sine følgesvenner, er det kanskje fordi han hører en annen trommeslager. La ham gå i takt med den musikken han hører, uansett hvor avmålt eller langt borte den er. Det er ikke viktig at han modnes like raskt som et epletre eller en eik. Skal han gjøre våren til sommer?

Hvis den tilstanden vi er skapt for, ennå ikke er inntrådt, hva er da en virkelighet som vi kan erstatte? Vi vil ikke lide skipbrudd på en forgjeves virkelighet. Skal vi med smerte reise en himmel av blått glass over oss selv, selv om vi, når det er gjort, vil være sikre på at vi fortsatt vil se på den sanne eteriske himmelen langt der oppe, som om den førstnevnte ikke var? (18)

*Jeg foreslår at du leser «Walden» først - og deretter fordyper deg i resten!*

Walden

Om plikten til sivil ulydighet del 1 og 2

Inspirasjon

Å gå

Et liv uten prinsipper

Spredningen av frø

Skogen i Maine

Jeg kjente en mann av sync

Be til hvilken jord?

Epitafium over verden

En uke på Concord- og Merrimack-elvene

En yankee i Canada

Sympati

Fri kjærlighet

Til en herreløs fugl

Sommerregnet

Den svarte ridderen

Vennskap.

**Vi sees!**

**Cathy McGough**

## Din intervjuer av legendariske forfattere fra det hinsidige

# LORD BYRON GJØR ENTRÉ

DET VAR I JULI 2001, da Madame Delatour tok med seg Lord Byron til meg. (Eller rettere sagt, han tok oss med for å treffe ham.) Lord Byron var den eneste forfatteren som ba om at intervjuet skulle holdes på et bestemt sted etter hans eget valg.

Vårt reisemål var Croft-on-Tees, i North Yorkshire. Byron ba oss møte ham på prestegården (som jeg oppdaget at nå heter Old Rectory.) Han sa at han ville dukke opp bak et forheng på en Milbanke-benk. (1)

Da vi ankom Gatwick flyplass i London, benyttet vi oss av fasilitetene, fikk oss litt snacks og drikke og dro deretter videre til «Alamo Auto Rentals».

Madame Delatour var helt oppe I det røde felt over å kjøre på den andre siden av veien - så jeg tok rattet, og så var vi på vei. Det var en veldig behagelig kjøretur, og etter hvert som vi kom nærmere og nærmere Yorkshire, kunne vi ikke unngå å legge merke til det karrige landskapet rundt oss.

Vi kjørte opp til Old Rectory klokken 11, og gikk straks inn. Madame Delatour satte i gang med å kalle lord Byron til oss. Han hadde gitt henne spesifikke instrukser om ikke å gå inn i det forhengte området, ettersom han ønsket å gjøre en «entré».

George Gordon Byron ble født 22. januar 1788. Han levde et liv fylt av kontroverser og til tider kaos. Han ble født i England, men dro til utlandet for å leve, for å slippe unna skandaler og ryktespredning.

Lord Byron døde den 19. april 1824, og etter eget ønske ble liket hans brakt tilbake til England. Han ble nektet begravelse i The Poet's Corner i Westminster Abbey, og ble i stedet begravet i familiehvelvet i Hucknall Torkard i Nottinghamshire. Flere år etter hans død ble det nedsatt en komité som skulle reise et minnesmerke over Byron, og dette ble tilbudt Westminster Abbey. Også dette ble avslått. (2)

Jeg vil lese et av Lord Byrons dikt mens vi venter:

**DA VI TO SKILTES**

Da vi to skiltes

I stillhet og tårer,

med halvt knust hjerte,

For å skilles i årevis,

Blekt ble ditt kinn og kaldt,

Kaldere ditt kyss;

Sannelig den timen forutså

Sorg til dette.

Morgenens dugg

Sank kjølig på min panne -

Det føltes som en advarsel
Om hva jeg føler nå.
Dine løfter er alle brutt,
Og lys er din berømmelse:
Jeg hører ditt navn uttalt,
Og deler i sin skam.
De nevner deg for meg,
Et slag for mitt øre;
En rystelse kommer over meg -
Hvorfor var du så kjær?
De vet ikke at jeg kjente deg,
Jeg som kjente deg så godt.
Lenge, lenge skal jeg sørge over deg
For dypt til å fortelle.
I hemmelighet vi møttes -
I stillhet jeg sørger
At ditt hjerte kunne glemme,
Din ånd bedra.
Hvis jeg skulle møte deg
Etter lange år,
Hvordan skulle jeg hilse deg?
Med stillhet og tårer. (3)

Madame Delatour og jeg var gråtkvalte da lord Byron trådte frem bak lerretet og feide det karmosinrøde forhenget bakover som om han ventet en okses angrep fra den andre siden. Han var kledd i kongeblå fløyelsdrakt, med volanger på mansjettene og på kragen på den hvite skjorten. Han hadde et slående utseende, og da han kom mot oss, tok han først madame Delatours hånd og kysset den lett, og deretter gjorde han det samme med min. Han gikk rundt i prestegården og så seg om, nesten som om han lette etter noen eller noe.

Madame Delatour smatt (noe motvillig) ut bakdøren, mens jeg og lord Byron ble sittende alene på den fremre kirkebenken. Det harde treverket knirket da jeg satte meg ned, og lord Byron kastet seg ned på kirkebenken som om det var en sofa i hans eget hjem, mens han så opp på meg med hodet hvilende på hendene.

**Spørsmål:** Får jeg spørre hvorfor du valgte å la deg intervjue her?

**Spørsmål:** Har du undersøkt dette møtet? Kan du fortelle meg hvorfor du tror jeg har bedt deg komme hit, frue?

**A:** Jeg kan bare gjette. Er det fordi De ble gift med lady Ann Isabella her i 1815?

**A:** Å ja. Beklageligvis. Jeg har aldri sett noen som ble særlig bedre av å gifte seg. Alle mine samtidige i parforhold var skallede og misfornøyde. Wordsworth og Southey mistet både håret og humøret, og den siste av de to hadde en god del å tape. (4)

**Spørsmål:** Jeg vil gjerne vite litt om barndommen din. Vennligst fortell meg om den.

**Svar:** Jeg ble født, som sykepleierne pleier å si, med en sølvskje i munnen, og den har satt seg fast i halsen og ødelagt ganen min, slik at jeg ikke svelger noe som helst med særlig velbehag - med mindre det er cayennepepper. (5) Neste spørsmål.

**Spørsmål:** Du var bare 20 år gammel da diktene dine første gang ble inkludert i samlingen «Juvenilia» i 1808. Hvordan føltes det å se diktene dine på trykk?

**A:** Jeg husker fortsatt hva som sto i «The Edinburgh Review»:

«Poesien til denne unge lorden tilhører den klassen som verken guder eller mennesker sies å tillate. Vi kan faktisk ikke huske å ha sett en mengde vers med så få avvik fra denne nøyaktige standarden. Hans utbrudd er spredt over en død flate og kan ikke komme mer over eller under nivået, enn om de var så mye stillestående vann.» (6)

Jeg husker virkningen på meg - det var raseri og motstand, og oppreisning - men ikke motløshet eller fortvilelse. Jeg innrømmer at det ikke er elskverdige følelser, men i denne verden av liv og røre, og særlig i forfatteryrket, bør man kalkulere med sin motstandskraft før man går inn på arenaen. (7)

**Spørsmål:** Stemmer det at du aldri har redigert verkene dine?

**A:** Når jeg skrev, skrev jeg raskt og sjelden med omtanke ... Når jeg først tok pennen i hånden, måtte jeg si det som var viktigst, eller kaste det bort. Jeg har alltid skrevet så fort jeg kunne sette pennen på papiret, og jeg har aldri revidert annet enn i korrekturet ... Jeg kan aldri omarbeide noe. Jeg er som tigeren; hvis jeg bommer på den første våren, går jeg brummende tilbake til jungelen min. (8)

Johnson viste oss at ingen poesi er perfekt, men det ville ha vært et herkulesarbeid å korrigere mitt verk. Faktisk så jeg aldri lenger enn til komposisjonsøyeblikket, og publiserte bare på oppfordring fra mine venner. (9)

**Spørsmål:** Jeg oppdaget nylig et sjeldent eksemplar av «Juvenilia» på nettet her om dagen. Kan du gjette prisen? Den var 2500 pund!

**Spørsmål**: Hva er online?

*Jeg tok frem den bærbare datamaskinen fra kofferten min, slo den på og viste ham den. Han så forbløffet på mens jeg skrev inn ordene til et av diktene hans.*

**A:** Det er et kommunikasjonsmiddel, og forfattere som meg skriver alt inn her. Du trenger ikke penn eller papir. Alt er lagret i datamaskinens minnebank.

**A:** Det ser ut som djevelskap, synes jeg!

*Lord Byron reiste seg og gikk opp til alteret. Han ventet bak prekestolen. Jeg skjønte snart at han ville at jeg skulle legge bort «djevelskapen» og gi ham min fulle oppmerksomhet.*

**PÅ DENNE DAGEN FULLFØRER JEG MITT TRETTISEKSENDE ÅR**

Det er på tide at hjertet er uberørt,
Siden andre det har sluttet å røre:
Men selv om jeg ikke kan bli elsket,
La meg likevel elske!
Mine dager er i det gule blad;

Kjærlighetens blomster og frukter er borte;
Ormen, kreften og sorgen
Er mine alene!
Ilden som på mitt bryst jakter
Er ensom som en vulkansk øy;
Ingen fakkel er tent ved dens flamme -
En begravelseshaug.
Håpet, frykten, den sjalu omsorgen,
Den opphøyde del av smerten
Og kjærlighetens kraft kan jeg ikke dele,
Men bærer lenken.
Men det er ikke slik, og det er ikke her.
Slike tanker bør ikke ryste min sjel, heller ikke nå,
Hvor ære dekker heltens båre,
Eller binder hans panne.
Sverdet, banneret og slagmarken,
Ære og Hellas, rundt meg se!
Spartaneren, båret på sitt skjold,
Var ikke mer fri.
Våkn opp! (ikke Hellas - hun er våken!)
Våkn opp, min ånd! Tenk gjennom hvem
Din livsblod sporer sin foreldre innsjø,
Og så slå hjem!
Tråkk ned de opplivende lidenskaper,
Uverdige manndom! - til deg
Likegyldig skal smilet eller rynken
Av skjønnhet være.
Hvis du angrer din ungdom, hvorfor leve?
Den ærefulle døds land

Er her: -opp til marken, og gi
Bort din pust!
Søk ut - mindre ofte søkt enn funnet -
En soldatgrav, for deg den beste;
Se deg omkring, og velg din jord,
Og ta din hvile. (10)

**Spørsmål:** Du har en vakker stemme, Lord Byron. Har du noen gang prøvd å synge?

**A:** Da jeg var i Aston, på mitt første besøk, hadde jeg for vane, når jeg var mye alene, å - jeg vil ikke kalle det å synge, for det gjør jeg aldri annet enn for meg selv - men å fremføre, til det jeg tror er melodier, dine «Oh breathe not», «When the last glimpse» og «When he who adores thee», sammen med andre av de samme sangerne; - de er mine matiner og vesperviser. Det var ikke min mening at de skulle bli overhørt, men en morgen kom ikke La Donna, men Il Marito inn, med et meget alvorlig ansikt, og sa: «Byron, jeg må be deg om ikke å synge mer, i hvert fall ikke av disse sangene.» Jeg stirret og sa: «Ja visst, men hvorfor?» - «For å si deg sannheten,» sa han, «de får min kone til å gråte, og de er så melankolske at jeg ønsker at hun ikke skal høre mer av dem.» (11)

**Q:** Er det sant at «Zuleika» nesten ikke ble utgitt?

**A:** En venn rådet meg en gang (uten å ha sett den, forresten) til ikke å utgi «Zuleika»; jeg trodde han hadde rett, men erfaringen har kanskje lært ham at det er fysisk umulig å la være å trykke. Det er en forferdelig ting å gjøre for ofte; --bedre å trykke, så kan de som liker lese, og hvis de ikke liker, har du den tilfredsstillelse å vite at de i det minste har kjøpt seg retten til å si det. (12)

**Q:** Hva er din mening om William Shakespeare?

**Svar:** Shakespeares navn, det kan du stole på, står absurd høyt og vil synke. Han hadde ingen oppfinnsomhet når det gjaldt historier, overhodet ingen. Han tok alle sine plott fra gamle romaner og kastet historiene deres inn i en dramatisk form, med like liten tankekostnad som du eller jeg kunne gjøre stykkene hans tilbake til prosafortellinger. At han kastet noen glimt av genialitet over det han skrev, kan ingen benekte, men dette var alt.

Anta at noen for første gang skulle ha den dramatiske håndteringen av slike ferdige historier som Lear, Macbeth, etc., og han ville være en trist fyr, ja, hvis han Ikke gjorde noe veldig storslått av dem.

Når det gjelder hans historiske skuespill, altså de riktig historiske, mener jeg at de bare var omskrivninger av tidligere skuespill om de samme temaene, og i tjue av tjueen tilfeller er de fineste, de aller fineste tingene, nesten ordrett tatt ut av de gamle sakene. Du tror utvilsomt at en hest, en hest, mitt kongerike for en hest! er Shakespeares. Ikke en stavelse av det.

Alt finnes hos den gamle, navnløse dramatikeren. Kan man ikke forbedre Tom Jones uten å være et større geni enn Fielding? Jeg for min del tror at Shakespeares skuespill kan forbedres, og publikum synes, og har syntes å mene det også, for ikke et eneste av hans skuespill spilles eller har noensinne blitt spilt slik han skrev det; og det som publikum applauderte for tre hundre år siden, er fem av ti ganger ikke Shakespeares, men Cibbers. (13)

**Spørsmål:** Hadde du en spesiell teknikk for å få musa til å komme til deg?

**A:** En venn og jeg drakk sammen fra seks til midnatt, en flaske champagne og seks flasker rødvin, og så:

Jeg skriver dette omtåket,

Etter å ha drukket meg overmåte full i dag

Så jeg ser ut til å stå i taket. (14)

*Lord Byron lo da han tok et av begrene fra alteret og lot som om han nippet sultent.*

**Spørsmål:** Din satire «Childe Harold» tok verden med storm. Tom Moore, din biograf, skrev: «Effekten var elektrisk.» Ble du opprømt da du fikk nyheten?

**A:** Jeg våknet en morgen og oppdaget at jeg var berømt! (15)

**CHILDE HAROLD**

Strofe nr. 75 og nr. 76

Er ikke fjellene, bølgene og himmelen en del

Av meg og min sjel, som jeg av dem?

Er ikke kjærligheten til disse dypt i mitt hjerte

Med en ren lidenskap? Burde jeg ikke fordømme

Alle ting, hvis de sammenlignes med disse? Og stanse

En bølge av lidelse, heller enn å gi avkall

Slike følelser for den harde og verdslige slim

For dem som bare har blikket vendt ned

Og stirrer ned på jorden, med tanker som ikke tør gløde?

Men dette er ikke mitt tema; og jeg vender tilbake

Til det som er umiddelbart, og krever

De som finner kontemplasjon i urnen,

Å se på en, hvis støv en gang var all ild,

En innfødt av landet hvor jeg ånder

Den klare luften for en stund - en forbigående gjest,

Hvor han ble et vesen, - hvis ønske

Var å være strålende; det var en tåpelig søken,

For å vinne og beholde det, ofret han resten. (16)

*Da han var ferdig, stakk jeg hånden ned i vesken min og tok en rask slurk av Evian-flasken min. Jeg tilbød ham å drikke, og han gransket plastflasken med en viss nysgjerrighet. Jeg forklarte ham om verdens forkjærlighet for å kjøpe vann på flaske. Da han skjøv den tilbake mot meg, mumlet han noe om menneskets dumhet i fremtiden...*

**Q:** Er det noen sannhet i historien om at du trodde John Keats døde på grunn av en dårlig anmeldelse i «The Quarterly»?

**A:** Shelley skrev en elegi over Keats og beskyldte «The Quarterly» for å ha drept ham:

Hvem drepte John Keats?

Jeg, sier Quarterly,

Så vill og tartarisk;

Det var en av mine bragder.

Hvem skjøt pilen?

Poet-presten Milman
(Så klar til å drepe mennesker),
Eller Southey eller Barrow.

Du vet godt at jeg ikke likte Keats' poesi, eller poesiens prinsipper. Hans «Hyperion» er et fint monument, og hans navn vil bli stående. Jeg misunner ikke mannen som skrev artikkelen: «The Quarterly's» anmeldere har ikke mer rett til å drepe enn andre fotfolk. Men den som skulle dø av en artikkel i en anmeldelse, ville sannsynligvis ha dødd av noe annet like trivielt. (17)

**Spørsmål:** Kan du fortelle meg om ditt vennskap med Percy Bysshe Shelley?

**A:** Han var den mest omgjengelige personen under tretti som jeg noen gang har kjent. (18) Han var, så vidt jeg vet, den minst egoistiske og mildeste av alle menn - en mann som hadde ofret mer av sin formue og sine følelser for andre enn noen annen jeg noen gang har hørt om. (19)

**Spørsmål:** Det finnes to legender om Shelley som fortsatt lever i dag. Den ene handler om hjertet hans, den andre om hva han hadde i lommen da han druknet. Kan du bekrefte eller avkrefte dette?

**Svar:** Vi brente likene av Shelley og Williams på stranden for å gjøre dem skikket til å bli fjernet og begravet på vanlig måte. Du kan ikke ane hvilken ekstraordinær effekt en slik bålbrenning hadde, på en øde strand, med fjellene i bakgrunnen og havet foran, og det særegne utseendet saltet og røkelse ga til flammen. Alt av Shelley ble fortært, bortsett fra hjertet, som ikke tålte flammen, og som vi oppbevarte i vinsprit. For øvrig var det ikke en bibel som ble funnet i Shelleys lomme, men John Keats' dikt. (20)

**Spørsmål:** Takk skal du ha. Jeg setter pris på din åpenhet. Valgte du å skrive, eller valgte skrivingen deg?

**A:** Hvem ville vel skrive hvis han ikke hadde noe bedre å gjøre? Jeg synes det store oppstyret rundt skriblerier og skribenter, både av dem selv og andre, er et tegn på femininitet, degenerering og svakhet. (21)

Jeg skrev «Broen over Abydos» på fire dager. Jeg skrev «Corsair» på ti dager. Jeg skrev «Lara» mens jeg kledde av meg etter ball og maskerader. Jeg rangerer på ingen måte poesi eller poeter høyt på fantasiens skala. Poesien er fantasiens lava, hvis utbrudd forhindrer et jordskjelv. Hvis jeg hadde levd ti år lenger, ville du ha sett at det ikke var slutt med meg, - jeg mener ikke i litteraturen, for det er ingenting, og, det kan synes merkelig nok å si, jeg tror ikke det var mitt kall. Men du ville ha sett at jeg gjorde et eller annet! Akk, jeg var poet av hobby og sjørøver av yrke! (22)

Men skulle det skje igjen, - så skulle jeg vel skrive igjen. Slik er den menneskelige natur, i hvert fall min del av den - selv om jeg vil synes bedre om meg selv, hvis jeg hadde hatt vett til å stoppe nå. (23)

**Spørsmål:** Husker du et sted på kirkegården på Harrow Hill, der det står en gravstein som sies å ha vært din favorittplass når du mediterte og komponerte?

*Han nikket gjenkjennende.*

Den måtte beskyttes med et jernbur mot dine ivrige beundrere, som ødela den og tok med seg biter av den til minne om deg.

**Svar: En** del av tiden som gikk der - var den lykkeligste i mitt liv. (24)

**Spørsmål:** Har du noen råd til forfattere i fremtiden?

**A:** Le alltid når du kan. Det er billig medisin. Jeg vil også gi deg noen ord å leve etter fra «Don Juan»:

For ord er ting; og en liten dråpe blekk

som faller som dugg på en tanke, skaper

Det som får tusener, kanskje millioner, til å tenke. (25)

**Spørsmål:** Tror du at fravær får hjertet til å vokse?

**A:** Jeg har tenkt over adskillelsens elendighet, at - å, hvor sjelden vi ser dem vi elsker! Likevel lever vi evigheter i øyeblikk, når vi møtes. Det eneste som trøstet meg under fraværet, var tanken på at ingen mental eller personlig fremmedgjøring, på grunn av kjedsomhet eller uenighet, kunne finne sted; og når folk møttes heretter, selv om mange forandringer kunne ha funnet sted i mellomtiden, var de likevel, med mindre de var lei av hverandre, klare til å gjenforenes, og klandret ikke hverandre for omstendighetene som skilte dem fra hverandre. (26)

**Spørsmål:** Du førte dagbok i mange år. Er det noe du vil anbefale andre forfattere å gjøre?

**A:** Jeg var nødt til å skrive dagbok, det var det som gjorde at jeg slapp å dikte, i hvert fall å føre den. Jeg kastet ofte dikt på bålet (som til min store trøst ble tent opp igjen), og så røkte jeg ut av hodet planen om et nytt. (27)

**Spørsmål:** Er livet for kort?

**Svar:** Når man trekker fra livets spedbarnstid (som er vegetasjon), --søvn, spising, og svømming, knepping og oppknepping - hvor mye blir det da igjen av den egentlige eksistens? En hasselmus' sommer (28)

**Q:** Hvilken form likte du minst å skrive i?

**A:** En gang skrev jeg to sonetter. Jeg har aldri skrevet annet enn én sonett før, og det var ikke for alvor, og det er mange år siden, som en øvelse - og da bestemte jeg meg for at jeg aldri skulle skrive flere. De var de mest pulserende, forsteinende, dumt platoniske komposisjoner. Jeg avskydde Petrarca så mye at jeg ikke engang ville vært mannen som kunne ha fått hans «Laura», noe den metafysiske, sutrende treskallen aldri kunne. (29)

Madame Delatour stakk hodet rundt hjørnet, pekte engstelig på klokken og ba oss komme ut. Jeg hadde håpet at lord Byron skulle lese et nytt dikt, men var nysgjerrig på hva eller hvem som ventet på oss utendørs.

Til slutt ga nysgjerrigheten etter, og vi våget oss utenfor prestegården. Der ventet en stor, svart hest med manen som et skjerf i vinden. Lord Byron hilste på hesten og hoppet opp på ryggen hennes. Han takket oss for at vi hadde gjenforent ham med hans «sanne kjærlighet», og klappet henne inderlig på siden.

**Spørsmål:** Vær så snill, ikke gå ennå. Det er fortsatt tid nok til at du kan resitere: «Hun går i skjønnhet».

**A:** Mine damer, jeg skal deklamere diktet dere har valgt, men til ære for denne kjekke vennen min.

*Lord Byron omfavnet sin elskedes ravnemanke. Hun svarte med et «vrinsk» da han hvisket:*

**HUN GÅR I SKJØNNHET**
Hun går i skjønnhet, som natten
Av skyfri himmel og stjerneklar himmel;
Og alt det beste av mørke og lys
Møtes i hennes skikkelse og øyne:
Således mildnet til det ømme lys
Som himmelen fornekter den lyse dag.
En skygge mer, en stråle mindre,
Hadde halvt svekket den navnløse ynde
Som bølger i hver ravnestreng,
Eller lyser mildt over hennes ansikt;
Hvor tankene uttrykker
Hvor rene, hvor kjære deres bolig er.
Og på det kinnet, og over den pannen,

Så mykt, så rolig, men likevel veltalende,

Smilene som vinner, fargene som gløder,

Men forteller om dager i godhet brukt,

Et sinn i fred med alt under,

Et hjerte hvis kjærlighet er uskyldig! (30)

Da han hadde sagt den siste linjen, sparket han til hestens sider, og de satte av sted i middagssolen. Vi kunne høre hovene, klippet og Lord Byron synge noe, mens de forsvant fra jorden for alltid.

*For å finne ut mer om Lord Byrons verker anbefaler jeg at du oppsøker følgende:*

Childe Harold Pilgrimage

Don Juan

Prometheus

Jeg skulle ønske jeg var et sorgløst barn

Alt for kjærligheten

Å, bortrykket i skjønnhetens blomstring

Farvel

På denne dagen fyller jeg mitt 36. år!

Churchills grav

Linjer da jeg hørte at lady Byron var syk

Skjønnhetens blomst

Så vi skal ikke vandre mer

Min sjel er mørk

Mørke

Strofer til musikk

Fangen fra Chillon

En ånd gikk forbi meg

Ensomhet

Det er ikke en glede verden kan gi

Sennacheribs ødeleggelse

Linjer innskrevet på et beger formet av et kranium

Til Thomas Moore

Linjer skrevet under en alm på kirkegården i Harrow.

Jeg håper lord Byrons intervju var verdt å vente på.

**Wes gesund!**

**Cathy McGough**

**Din intervjuer av legendariske forfattere fra det hinsidige**

# BEGYNNELSEN MED BAUDELAIRE

D A MADAME DELATOUR OG jeg møttes første gang, var Charles Baudelaires uventede opptreden litt av et sjokk. Som den skeptiker jeg er, undersøkte jeg området for alle tenkelige former for lureri. Jeg gikk rundt Monsieur Baudelaire og tok ham til og med i hånden for å være sikker på at han var ekte, siden han dukket opp ut av løse luften. Jeg lurte på om han var en skuespiller som spilte en rolle, men ble snart klar over at det ikke var tilfelle. For ja, han var selveste Charles Baudelaire, født i Paris, Frankrike, 9. april 1821.

Etter vårt møte forklarte madame Delatour meg mer detaljert om sin «gave». Heldigvis for oss hadde madame Delatour begynt å bære med seg en liten båndopptaker i vesken for å spille inn alle møtene hun gjorde. Uten at jeg visste det, stakk hun hånden ned i vesken og aktiverte båndopptakeren da monsieur Baudelaire dukket opp.

Kjære leser, du vil kanskje mene at vi har gjort dette opptaket ulovlig ved å krenke monsieur Baudelaires rettigheter, siden han ikke har gitt oss tillatelse til å ta opp stemmen hans.

Madame Delatour mente at det ville ha vært umulig å kaste bort viktig, men begrenset tid på å forklare herr Baudelaire hva en båndopptaker var.

Da opptaket ble gjort, kjente jeg ikke til opptaksapparatet, men jeg støtter madame Delatours beslutning fullt ut. Dessuten må du huske at Monsieur Baudelaire er død. (Måtte han hvile i fred.)

I forbindelse med denne rekonstruksjonen vil jeg i dag bruke madame Delatours bånd. Madame Delatour var kjent med Baudelaires verker, siden han utvilsomt er en av Frankrikes mest innflytelsesrike poeter gjennom tidene. Jeg kjente også til noen, men ikke alle verkene hans - det mest kjente av dem er «Les Fleurs du Mal» (Ondskapens blomster), som ble utgitt i 1857. Alle involverte - forfatter, forlegger og trykker - ble tiltalt og funnet skyldige i obskønitet og blasfemi. Seks dikt ble strøket fra boken. (1)

I dag er «Les Fleurs du Mal» imidlertid en av de mest utgitte bøkene i verdenslitteraturen. Den er oversatt til mange språk og blir lest over hele verden.

Hva er vel bedre enn å fordrive tiden med å lese mens vi venter?

**SKJØNNHET**

Jeg er så vakker, o dødelige! Som en drøm av stein,
Og mitt bryst, hvor hver mann er såret i sin tur,
Er laget for å inspirere poeten til en kjærlighet
Så evig og stum som materien.
Jeg troner i himmelen som en misforstått sfinks;
Jeg forener et hjerte av snø med svanenes hvithet;
Jeg hater all bevegelse, som forskyver linjer,
Og jeg gråter aldri, og jeg ler aldri.
Poetene foran mine store positurer,
Som jeg synes å låne fra de stolteste monumenter,
Vil konsumere sine dager i strenge studier;
For jeg har, for å fascinere disse føyelige elskere,
Rene speil som gjør alle ting vakrere;
Mine øyne, mine store øyne med sitt evige lys! (2)

Monsieur Charles Baudelaire ankom kledd i svart. Han kunne lett ha blitt forvekslet med en begravelsesagent (eller et lik). Øynene hans avslørte hjertet til en mann som hadde levd et vanskelig og ofte ensomt liv. Monsieur Baudelaire så ut til å vite med en gang at det var madame Delatour som hadde bedt ham møte oss i Eiffeltårnet, og han gikk mot oss med en følelse av fortrolighet.

**Q:** Hva tenker du om kritikk?

**A:** Jeg tror oppriktig at den beste kritikken er den som er underholdende og poetisk; ikke den kalde matematiske, som under påskudd av å forklare alt verken viser hat eller kjærlighet, og som frivillig renser seg for ethvert spor av følelser; men snarere - siden et vakkert bilde er naturen slik en kunstner ser den - den kritikken som er bildet slik en intelligent og følsom ånd ser det. Derfor kunne den beste artikkel om maleriet være en sonett eller en elegi. Men denne typen kritikk er bestemt for poesiantologier og lesere av poesi.

*Monsieur Baudelaire nølte, så kort på oss og fortsatte så med*

Jeg vil komplimentere dere to jeune filles angående sminken deres. Rødt og svart symboliserer livet. De svarte linjene gir dybde og fremmedhet til uttrykkene deres, og til øynene deres gir de et mer spesifikt utseende av et vindu som åpner seg mot det uendelige; rouge, som farger de høye kinnbenene deres, øker lyset i øyeeplene deres enda mer og tilfører det vakre ansiktet til en kvinne prestinnens mystiske lidenskap. (3)

**Spørsmål:** Madame Delatour og jeg rødmet og fniste som unge skolejenter da vi spurte monsieur Baudelaire om latterens betydning.

**A:** Barns latter er som en blomst som blomstrer. Det er gleden ved å ta imot, gleden ved å puste, gleden ved å åpne seg, gleden ved å kontemplere, ved å leve, ved å vokse. Det er gleden ved en plante. Generelt sett er det mer som et smil, noe som kan sammenlignes med hundens vifting med halen eller kattens spinn. Men legg nøye merke til at hvis barnelatteren likevel skiller seg fra uttrykkene for dyrenes tilfredshet, er det fordi den ikke er helt uten ambisjoner. (4)

**Spørsmål:** Monsieur Baudelaire, vil De lese en av Deres fortellinger for oss?

**Svar:** Jeg tilbyr dere en historie med en moral. Historien om:

## DEN FATTIGE GUTTENS LEKETØY

Jeg ønsker å formidle ideen om en uskyldig adspredelse. Det er så få tidsfordriv som ikke er klanderverdige. Når du forlater huset om morgenen, med den bestemte hensikt å spasere langs hovedgatene, fyll lommene med de billige små oppfinnelsene, som den flate hoppekranen som manipuleres med en enkelt snor, smedene som slår på ambolten, rytteren med en hest hvis hale er en fløyte, - og gi dem til de forsømte og fattige barna du møter foran restauranter der de står ved et tre. Du vil se øynene deres vokse seg umåtelig store. Til å begynne med vil de ikke våge å ta imot noe. De vil ikke tro på lykken. Så griper de begjærlig etter gaven, og de løper av gårde som katter som går langt bort fra deg for å spise matbiten du har gitt dem. Disse barna har lært seg å mistro menneskene.

På en vei, bak jernporten til en stor hage i enden av hvilken man kunne se et vakkert slott i hvitt, opplyst av solen, sto det et vakkert barn med friske øyne, kledd i de landlige klærne som har så mye fastidiousness.

Luksus, frihet fra omsorg og den vanlige fremvisningen av rikdom gjør disse barna så sjarmerende at du kunne tro at de er laget av en annen substans enn barn av en udifferensiert eller fattig klasse.

Ved siden av ham på gresset lå et praktfullt leketøy, like vakkert som sin herre, lakkert, forgylt, kledd i en purpurfarget kappe og dekket av fjær og perler. Men barnet brydde seg ikke om yndlingsleketøyet sitt. Det var dette han så på.

På den andre siden av jernporten, på veien, midt blant tistler og brennesler, var det et annet barn, skittent, skrøpelig, sotete, et av disse barnevernsbarna hvis skjønnhet et upartisk øye kunne oppdage hvis det, slik en kjenners øye gjetter maleriets ideal under en kroppslakk, renset barnet for fattigdommens frastøtende patina.

Gjennom de symbolske gitterene som skilte to verdener, hovedveien og slottet, viste det fattige barnet sin egen leke til det rike barnet, som begjærlig gransket den som om den var en sjelden og merkelig gjenstand. Men denne leken, som den lille ragamuffinen irriterte ved å riste en trådboks frem og tilbake, var en levende rotte! Foreldrene hadde utvilsomt fått leketøyet fra livet selv, for å spare penger. Da de to barna lo broderlig av hverandre, viste de like hvite tenner. (5)

*Madame Delatour og jeg kippet etter pusten fordi tårene rant nedover kinnene våre. Monsieur Baudelaire ble rørt av vårt følelsesutbrudd og begynte å resitere et dikt:*

**ALBATROSSEN**

Ofte, som en fornøyelse, fanger mannskapet
albatrosser, store sjøfugler,

Som følger, indolente følgesvenner på reisen,
Skipet som glir over det salte dypet.
Så snart de har plassert dem på dekk,
Disse himmelens konger, tafatte og skamfulle,
ynkelig la sine store hvite vinger
slepe seg langs siden som årer.
Denne bevingede reisende, hvor tåpelig og svak han er!
En gang så kjekk, hvor komisk og stygg han er!
En sjømann irriterer nebbet hans med en pipestokk,
Og mimer, mens han halter, den invalide som en gang fløy!
Poeten er som skyenes fyrste,
Som hjemsøker stormen og spotter bueskytteren;
Forvist på jorden midt i spott og spe,
Hans gigantiske vinger hindrer ham i å gå. (6)

*Madame Delatour klarte å ta seg sammen, men alt jeg kunne se for meg, var den ensomme albatrossen med hodet mitt på kroppen.*

**Q:** Elsket du drama, og spesielt teater?

**A:** I min barndom og fremdeles i dag er lysekronen det vakreste jeg synes er i et teater - en vakker, lysende, krystallinsk, komplisert, sirkulær og symmetrisk gjenstand. Lysekronen har alltid fremstått for meg som hovedrolleinnehaveren, enten man ser den gjennom den store eller den lille enden av operaglassene. (7)

**Spørsmål:** Du elsket Edgar Allan Poes verker. Kan du forklare hva det var ved hans forfatterskap som fascinerte deg?

**A:** Hos Poe er innledningen av hvert stykke tiltrekkende uten vold, som en virvelvind. Hans høytidelighet overrasker og holder leserens sinn våkent. Helt i starten føler du at det er snakk om noe alvorlig. Og langsomt, gradvis, utfolder det seg en historie hvis interesse avhenger av et umerkelig avvik i intellektet, av en dristig hypotese, av en uforsiktig dosering av naturen i sammensmeltningen av fakultetene. Leseren, som holdes svimmel, tvinges til å følge forfatteren i hans fascinerende deduksjon. (8)

Beklageligvis slutter båndet her. Jeg husker at Monsieur Baudelaire tok seg til magen og slengte seg frem et øyeblikk, for så å bli gjennomsiktig.

Å vende tilbake dit han kom fra, så ut til å være en smertefull prosess, som han tydeligvis motsatte seg. Monsieur Baudelaire hadde noe ugjort å ta seg av.

Han beveget seg mot kanten av Eiffeltårnet helt til vinden løftet føttene hans fra bakken. Slik ble han båret over kanten av tårnet og ut i skyene. Han gjorde piruetter og så seg omkring mens han sendte Paris en rekke lidenskapelige kyss. Og så forsvant han.

Når jeg ser tilbake på det øyeblikket nå, kan jeg sverge på at jeg så kyssene ta form, sveve fra toppen av tårnet, lavere og lavere, helt til brisen plukket dem opp og førte dem videre, nedover Seinen, ut blant folkemengdene, til hvem vet hvor.

På vei ned tok madame Delatour og jeg heisen. Dette var det første av mange møter med legendariske forfattere fra det hinsidige.

*Du må lese Charles Baudelaires verker. Det vil du ikke angre på! Jeg står ved følgende:*

Salon 1845/1946

Den svarte Venus

Ondskapens blomster

Carrion

Til leseren

Katter

Overskyet

Hvite Venus

Venus med grønne øyne

Kunstige paradiser

Paris Milten

Elevasjon

Innvielse

Veiledende lys

Selv når hun går

De elskendes vin

**Au Revoir Mon Ami!**

**Cathy McGough**

**Din intervjuer av legendariske forfattere fra det hinsidige**

# KONKLUSJONEN - IKKE

K JÆRE LESERE,

Jeg må dessverre meddele at våre «Intervjuer med legendariske forfattere fra det hinsidige» nå er avsluttet.

Til dere som har vært sterke støttespillere for denne boken fra starten av, og som tidligere har lest utdrag av den da den var i spalteform, vil jeg gjerne si noe direkte.

Mange av dere har skrevet, ringt, sendt e-post og faks til oss og spurt hvorfor ingen kvinnelige forfattere er med i denne boken.

Før jeg går videre - la meg forsikre dere, kjære lesere, om at jeg har forsøkt.

På grunn av Madame Delatours flørtende natur (for ikke å snakke om hennes status som singel) hadde hun en veldig sterk tilbøyelighet til å kontakte legendariske mannlige forfattere fra det hinsidige.

Siden hun satt i førersetet (for å si det sånn), sa jeg ja, noe motvillig - i håp om at jeg en dag kunne få henne til å ombestemme seg. Dessverre, uansett hva jeg sa eller gjorde - madame ville ikke rokke seg en tomme.

For tiden er Madame Delatour i streik og er i ferd med å finne en formell organisasjon som kan forhandle om vilkårene hennes, det vil si Medium/Psychic's Union. Så langt finnes det ikke noe slikt, men jeg har en følelse av at hun kan komme til å starte en slik, hvis jeg ikke går med på hennes betingelser.

Hva er betingelsene hennes, spør du? Kontanter, enkelt og greit. Madame Delatour ser medier der ute - som ikke har i nærheten av de kreftene som hun besitter. Likevel tjener de millioner av dollar hver dag på TV. Madame Delatour vil gjerne ha en del av den kaken.

La meg minne deg på at jeg som intervjuer ikke får noen kompensasjon. Jeg gjør det utelukkende for kjærligheten til forfatterne som vi kan kontakte og intervjue. Det er nok å si at Madame Delatour og jeg vil finne ut av noe, og når vi gjør det, vil vi kanskje gjøre et nytt intervju (eller to!)

Takk for at du deler i intervjuene våre!

**TTFN!**

**Cathy McGough (SKREVET I 2004)**

**Din intervjuer av legendariske forfattere fra det hinsidige**

# ET NYTT INTERVJU MED VOLTAIRE I 2006

I MORGES VÅKNET JEG og oppdaget at Intervjuer med legendariske forfattere fra det hinsidige ikke var blitt noe av. Det er nok å si at Madame Delatour og jeg har kommet frem til en løsning etter å ha lest følgende dikt, som ble skrevet av François-Marie Arouet de Voltaire etter at Lisboa ble rammet av et ødeleggende jordskjelv på Allehelgensdag i 1755, som tok livet av 30 000 mennesker i løpet av bare seks minutter.

Madame Delatour har, etter å ha forklart om den nylige tsunamikatastrofen, gått med på et intervju.

Mens vi venter på hans ankomst, la meg fortelle dere om François-Marie Arouet de Voltaire, som ble født 21. november 1694 i Paris, Frankrike. Monsieur Voltaire var en satiriker som kjempet mot etablissementet med pennen som våpen. Hans mest berømte verk, «Candide», ble skrevet i 1759, og spilles fortsatt i dag på teatre over hele verden.

Voltaire ble 84 år gammel (han døde i Paris 30. mai 1778), og han var opplysningstidens leder. Han sluttet aldri å skrive, helt til det siste, og etterlot seg over 14 000 brev og mer enn to tusen bøker og pamfletter. (1)

Madame Delatour informerte meg om at Monsieur Voltaire var på vei. Jeg ventet med store forventninger på hans ankomst.

Da han noen øyeblikk senere kom gående mot meg, ble jeg øyeblikkelig slått av hans lille skikkelse. Han var iført en rød frakk foret med hvit hermelin, hvite strømper og svarte støvler med sølvspenner. Det mest iøynefallende ved ham var smilet han hilste meg med. Så omfavnet han meg, som om vi var gamle venner, og begynte straks å resitere:

**OM KATASTROFEN I LISBOA**

(Eller en undersøkelse av aksiomet «Alt er vel»)

Ulykkelige dødelige! Mørk og sørgende jord!

Forferdet samling av menneskeheten!

Evig dveling av unyttig smerte!

Kom, dere filosofer, som roper: «Alt er vel!»

Og betrakt denne ruin av en verden.

Se på disse strimler og aske av din rase,

Dette barn og mor dynget i felles vrak,

Disse spredte lemmer under marmorsjaktene.

Hundre tusen som jorden fortærer,

Som, sønderrevne og blodige, ennå hjertebankende,

Begravet under deres gjestfrie tak,
I pinefull pine ender sine plagede liv.
Til disse utdøende mumling av nød,
Til det forferdelige skue av elendighet,
Vil du svare: «Du illustrerer bare
De jernlover som lenker Guds vilje»?
Si, over den ennå skjelvende massen av kjøtt:
«Gud er hevnet, syndens lønn er døden»?
Hvilken forbrytelse, hvilken synd hadde de unge
hjertene begått?
som blødende og sønderrevet ligger på mors bryst?
Drakk det falne Lisboa dypere av laster
enn London, Paris eller solfylte Madrid?
I disse danser menn; ved Lisboa gjesper avgrunnen.
Rolige tilskuere til dine brødres undergang,
Uberørt av denne frastøtende dødedans,
Som rolig søker årsaken til slike stormer,
La dem bare piske din egen sikkerhet;
Dine tårer vil blande seg fritt med flommen.
Når jorden viser sine grufulle kjever halvåpne,
Min klage er uskyldig, mine skrik er rettferdige.
Omgitt av skjebnens grusomheter,
Av ondskapens raseri og av dødens snarer,
Foran elementenes voldsomhet,
Deler våre sykdommer, overbær meg min klage.
«Det er stolthet,» sier dere, »opprørske hjerters
stolthet,
«Å tro at vi kan klare oss bedre enn vi gjør.»
Gå, fortell det til Tagus' rammede bredder;

Søk i ruinene av det blodige sjokk;
Spør de døende i sorgens hus,
Om det er stolthet som påkaller himmelen om hjelp
Og medlidenhet for menneskenes lidelser.
«Alt er godt», sier dere, »og alt er nødvendig.»
Tror du dette universet hadde vært verre
Uten denne helveteskløft i Portugal?
Er du så sikker på at den store, evige årsak,
som vet alt, og for seg selv skaper,
Kunne ikke ha plassert oss i dette triste klimaet
Uten vulkaner som syder under våre føtter?
Setter du denne grensen for den høyeste makt?
Vil du forby den å bruke sin nåde?
*Han trakk pusten et øyeblikk og tok en slurk vann før
han fortsatte:*
I ustadige øyeblikk i vårt smertefulle liv
Tørker nytelsens hånd bort våre tårer;
Men gleden går forbi som en flyktig skygge,
Og etterlater en arv av smerte og tap.
Fortiden er for oss bare en kjær beklagelse,
Nåtiden er dyster, med mindre fremtiden er klar.
Hvis tanken må ende i gravens mørke,
Alt vil bli bra en dag - det er vårt håp.
Alt er godt nå, er bare en tom drøm.
De kloke bedrar meg: Gud alene har rett.
Med et lavt sukk, underkastet i min smerte,
Jeg kaster meg ikke mot forsynet.
En gang sang jeg, i mindre trist tone,
De solfylte veier av nytelsens geniale herredømme;

Men tidene har forandret seg, og med alderen har
jeg lært
Og delaktig i menneskets skrøpelighet,
og søker et lys i det dype mørke
Jeg kan bare lide og vil ikke beklage.
En kalif en gang, da hans siste time var kommet,
Denne bønnen rettet til ham han æret:
«Til deg, eneste og allmektige konge, bærer jeg
Det du mangler i din uendelighet
Ondskap og uvitenhet, nød og synd.»
Han kunne ha lagt til en ting til - håp. (2)

*Voltaire og jeg gråt sammen over dem som var
gått tapt og holdt et øyeblikks stillhet, og så begynte
intervjuet vårt.*

**Spørsmål:** Likte du å gå på skolen?

**A:** Der lærte jeg latin og nonsens. Jeg var ikke som
andre gutter, for jeg var ikke med i leken. Fadrene hos
jesuittene på Collège Louis-le-Grand gjorde mange
forsøk på å overtale meg. Jeg sa: Enhver må hoppe
etter sin egen måte. De lot meg snart være i fred. (3)

**Spørsmål: Var** det da du begynte å skrive?

**A:** Jeg skrev noen vers da, vers som var lovende og
originale nok til å vekke min lærers oppmerksomhet.
En av dem, som mislikte meg sterkt, sa: «Heks,
du kommer en dag til å bli deismens fanebærer
i Frankrike.» Denne vurderingen hjalp ikke på min
manglende popularitet i skolegården (4).

**Spørsmål:** Du studerte juss fra 1711-13 og
arbeidet deretter som sekretær for den nederlandske

ambassadøren før du bestemte deg for å vie livet ditt til forfatterskapet?

**A:** En beslutning jeg aldri har angret på. Dessverre ble jeg arrestert i 1717, urettferdig nok, og sendt til Bastillen. Det er ille nok å bli arrestert og fengslet - men for en forbrytelse jeg ikke hadde begått! Jeg utnyttet tiden til å skrive mitt første skuespill: «Oedipe». Jeg skiftet navn til Voltaire.

Da jeg elleve måneder senere ble løslatt fra fengselet, fikk dette mitt første skuespill strålende kritikker da det ble satt opp, noe som beviser hvordan arbeid kan redde oss fra tre store onder: kjedsomhet, last og nød. (5)

**Q:** Hvordan var det å skrive med sensuren sittende som en gribb på skulderen din?

**A:** I 1723 kom det et edikt som sa «Ingen forleggere eller andre må trykke eller trykke om, hvor som helst i riket, noen bøker uten på forhånd å ha innhentet tillatelse ved brev forseglet med det store segl.» Offisielle sensorer måtte attestere at boken ikke inneholdt noe som stred mot religionen, den offentlige orden eller den sunne moral. Bøker som ble ansett som ulovlige, ble brent, og forfatter og trykker ble sendt i fengsel.

I 1757 ble Ludvig XV utsatt for et attentatforsøk. Kaos oppstod, og med det et nytt edikt: «Døden ble forordnet for alle som skulle bli dømt for å ha skrevet eller trykt verker som hadde til hensikt å angripe religionen, angripe den kongelige autoritet eller forstyrre ro og orden i riket». I 1764 ble bøker, pamfletter og til og med forord gransket. (6)

**Spørsmål:** Hvordan levde du, vel vitende om at du kunne bli tatt når som helst?

**A:** Jeg levde for å flykte. Det gikk ikke et øyeblikk uten at jeg tenkte på hvordan jeg skulle komme meg unna, hva jeg skulle gjøre hvis jeg hørte at de var ute etter meg. Jeg skrev anonymt det meste av tiden.

**Q:** Likevel visste de at det var deg?

**A: Å** vite er én ting, å bevise er noe annet! Det var forbudt å selge arbeidene mine, men de var likevel etterspurt. Jeg og andre forfattere sendte ut arbeider som skulle trykkes i Amsterdam, Haag og Genève. Deretter ble de smuglet inn i Frankrike og ettertraktet. Derfor skrev jeg dette brevet til embetsmennene i juni 1733:

Siden det står i Deres makt, sir, å gjøre litteraturen en tjeneste, bønnfaller jeg Dem om ikke å vingeklippe våre forfattere så hardt, eller å gjøre dem som kunne bli ørner hvis de fikk en start, til låvefugler; en rimelig frihet tillater ånden å sveve! (7)

**Spørsmål:** Når skrev du dine filosofiske brev?

**A:** Etter å ha blitt landsforvist klarte jeg å holde meg unna trøbbel i tre år og skrev essays om episk poesi og borgerkrigene i Frankrike, som ble publisert i 1727. Jeg vendte tilbake til Frankrike og skrev skuespill, poesi, vitenskapelige avhandlinger og ble kongelig historiograf.

Mine «Filosofiske brev» - der jeg sammenlignet det franske styresettet med det engelske - brakte meg nok en gang i hardt vær. Boken ble forbudt i Frankrike, og jeg måtte flykte. I England ble den en bestselger. (8)

**Spørsmål:** Du var ikke imponert over Shakespeare?

**A:** Shakespeare hadde et sterkt og fruktbart geni. Han var naturlig og sublim, men hadde ikke så mye som en eneste gnist av god smak eller kjente en eneste regel i dramaet. Jeg vil nå våge en tilfeldig, men samtidig sann refleksjon, nemlig at denne dramatiske dikterens store fortjeneste har vært den engelske scenens ruin. Det er så vakre, så edle, så forferdelige scener i denne forfatterens monstrøse farser, som navnet tragedie er gitt til, at de alltid har blitt utstilt med stor suksess.

Tiden, som alene gir forfattere anseelse, gjør til slutt selve feilene deres ærverdige. De fleste av denne dikterens lunefulle, gigantiske bilder har gjennom tidens løp fått rett til å passere for sublime. De fleste moderne dramatikere har kopiert ham, men de grep og beskrivelser som applauderes hos Shakespeare, blir hysjet på hos disse forfatterne; og du vil lett tro at den venerasjonen som denne forfatteren holdes i, øker proporsjonalt med den forakt som vises til de moderne. Dramatiske forfattere tenker ikke på at de ikke bør imitere ham; og den dårlige suksessen til Shakespeares imitatorer gir ingen annen effekt enn å få ham til å bli ansett som uforlignelig.

Shakespeares skinnende monstre har uendelig mye mer glede enn de moderne dikternes fornuftige bilder. Hittil har engelskmennenes poetiske geni lignet et tuet tre plantet av naturens hånd, som kaster ut tusen grener på måfå, og som sprer seg likt, men med stor kraft. Det dør hvis man forsøker å tvinge dets natur, og å hugge og klippe det på samme måte som trærne i Marli-hagen. (9)

**Q:** Et problem i oversettelsen, kanskje?

**Svar:** Vi ler ikke når vi leser en oversettelse. Hvis du har lyst til å forstå den engelske komedien, er den eneste måten å gjøre det på å reise til England, tilbringe tre år i London, gjøre deg til herre over det engelske språket og gå på teater hver kveld. Jeg har liten glede av å lese Aristofanes og Plautus, og det er fordi jeg verken er greker eller romer. Den delikate humoren, allusjonen, aproposet - alt dette går tapt for en utlending.

Ingenting er lettere enn å gjengi i prosa alle de tåpelige uforskammetheter som en dikter kan ha kastet ut; men det er en svært vanskelig oppgave å oversette hans fine vers. (10)

**Q:** Hvilken rolle spiller fantasien når man skriver poesi?

**Svar:** I poesien er det særlig fantasien i detaljer og uttrykk som bør være fremherskende. Den er alltid behagelig, men der er den nødvendig.

Hos Homer, Vergil og Horats er nesten alt billedspråk, uten at leseren selv oppfatter det.

Tragedien krever færre bilder, færre pittoreske uttrykk og sublime metaforer og allegorier enn det episke diktet og oden; men størstedelen av disse skjønnhetene, under diskret og dyktig ledelse, gir en beundringsverdig effekt i tragedien; de bør imidlertid aldri være forcert, oppstyltet eller gigantisk.

Den aktive fantasien, som utgjør dikterne, gir dem entusiasme, i den sanne betydningen av det greske ordet, den indre følelsen som i virkeligheten opphisser sinnet og forvandler forfatteren til den personen han introduserer som den talende; for slik er den sanne entusiasmen, som består i følelser og bilder. En forfatter under denne innflytelsen sier nøyaktig det samme som den karakteren han fremstiller ville ha sagt.

Mindre fantasi er tillatt i veltalenhet enn i poesi. Årsaken er åpenbar - den alminnelige tale bør være mindre fjern fra vanlige ideer. Taleren snakker alles språk, mens poetens forestilling er basert på fiksjon. Følgelig er fantasien essensen av hans kunst; for taleren er den bare et tilbehør. (11)

**Spørsmål:** Monsieur Voltaire, vår tid nærmer seg snart slutten. Har du tenkt på noen råd du vil gi forfattere i fremtiden?

**A:** Skal jeg gi deg en ufeilbarlig liten regel for vers? Her er den. Når en tanke er rettferdig og edel, gjenstår det fortsatt noe å gjøre med den: Se om måten du har uttrykt den på vers, ville vært effektiv i prosa: og hvis verset ditt, uten rimets svingninger, synes å ha et ord for mye - hvis det er den minste feil i konstruksjonen - hvis en konjunksjon er glemt - hvis, kort sagt, det rette ordet ikke er brukt, eller ikke brukt på rett sted, må du konkludere med at juvelen i tanken din ikke er godt satt. Vær helt sikker på at vers som har en av disse feilene aldri vil bli lært utenat, og aldri lest om igjen: og de eneste gode versene er de som man leser og husker, til tross for seg selv. Det er mange slike vers i din «Epistel» - vers som ingen andre i min generasjon kunne skrive i din alder, slike som ble skrevet for femti år siden. (12)

**Spørsmål: Har** du noen råd til mennesket generelt?

**Svar:** Sett to mennesker på jordkloden, og de vil bare kalle det som er godt, riktig, rettferdig, det som vil være godt for dem begge. Sett fire, og de vil bare anse det som dydig som passer dem alle; og hvis en av de fire spiser sin nestes kveldsmat, eller slåss eller dreper ham, vil han helt sikkert reise de andre mot ham. Og det som gjelder for disse fire menneskene, gjelder for hele universet. (13)

Lær derfor menneskene ikke å forfølge mennesker, for mens noen få skinnhellige humbugs brenner noen få fanatikere, åpner jorden seg og svelger alle like. (14)

*Og med ett var Voltaire oppslukt og vendte tilbake dit han kom fra. Jeg tenkte på verdens tilstand i dag, og trist over vår mangel på fremskritt leste jeg følgende dikt høyt:*

**FRA KJÆRLIGHET TIL VENNSKAP**

Hvis du vil at jeg skal elske igjen,

Kjærlighetens lykksalige tidsalder gjenopprett;

Fra vinens frie gleder og elskendes bekymringer,
Den ubarmhjertige tid, som ingen skåner,
presser meg raskt til å trekke meg tilbake,
Og ikke mer til slik salighet aspirere.
Fra slik nøysomhet eksakt,
La oss, hvis vi kan, noe godt utdrag;
Hvis tenkemåte med denne tidsalder
Ikke passer, kan aldri bli ansett som en vismann.
La den friske ungdom sin dårskap munter,
Dens dårskap elskelig vise;
Livet er begrenset til to øyeblikk,
La den ene til visdom være overgitt.
Du søte vrangforestillinger av mitt sinn,
Fortsatt til min herskende lidenskap snill,
Som alltid brakte en sikker lettelse
Til livets nøyaktigste følgesvenn, sorg.
Vil du for alltid fly fra meg?
Og må jeg gledesløs, venneløs dø?
Ingen dødelig gir opp sitt åndedrett
Jeg ser, uten en dobbel død;
Den som elsker, og ikke er elsket mer,
Hans ulykkelige skjebne kan godt beklage;
Livets tap kan lett bæres,
Uten kjærlighet er mennesket fortapt.
Det var de gleder jeg beklaget,
Som jeg så ofte i ungdommen angret;
Min sjel fylt av mjukt begjær,
Forgjeves angret ungdommelig ild.
Men vennskap da, himmelske jomfru,

Fra himmelen steg ned til min hjelp;

Mindre levende enn den amorøse flamme,

Selv om hennes ømhet den samme.

Vennskapets sjarm jeg beundret,

Min sjel var med ny skjønnhet fyrt;

Jeg ble da en i vennskapets kjølvann,

Men uten kjærlighet, klage. (15)

*Hele samlingen til Monsieur Voltaire er verdt å lese, men ta en titt på disse, så får du snart lyst på mer!*

Filosofisk ordbok

Candide

Mikromegas

Til dronningen av Ungarn

Zadig

L'Ingenu

Hengelåsen

Vennskapets tempel

I leiren foran Philippsburg, 3. juli 1734

Om den berømte skuespillerinnen Adrienne Lecourvreurs død

Den hvite oksen

De engelske brevene

Den uvitende filosofen

Henriaden: Et dikt

Kritiske essays om dramatisk poesi

Brev fra M. de Voltaire til venner

Til en dame som er meget godt kjent i hele byen

Azolan

Fra kjærlighet til vennskap.

**Adieu!**
**Cathy McGough**
**Din intervjuer av legendariske forfattere fra det hinsidige**

# OM FORFATTEREN:

Den prisbelønte forfatteren Cathy McGough
bor og skriver i Ontario, Canada,
sammen med mann, sønn, katt og hund.

# OGSÅ AV:

**SKJØNNLITTERATUR**
Alles barn
Ribbys hemmelighet
13 noveller (som inkluderer; Paraplyen og vinden;
Margarets åpenbaring;
Løvetannvin (FINALIST I LESERNES
FAVORITTBOKPRIS))
Plus Size Gudinne
**NON-FICTION**
103 ideer til innsamlingsaksjoner for frivillige foreldre
på skoler og lag (3. PLASS BEST REFERENCE 2016
METAMORPH PUBLISHING)
+ Barne- og ungdomsbøker

# REFERANSER

**INNLEDNING**

(1) The Pilgrim's Progress, The Religious Tract Society, Bouverie St. and 65 St. Paul's Churchyard, 1913.

**KAPITTEL I**

(1) As You Like It, Hodder and Stoughton, udatert.

(2) Sangtekst av Jim Morrison, L.A. Woman, 1971

(3) Sangtekst av Jim Morrison, Waiting for the Sun, 1968.

(4) Les Fleurs du Mal, The Casanova Society, London, 1925.

**KAPITTEL II**

(1) One Hundred and One Famous Poems, The Cable Company, Chicago, Illinois, 1924.

(2) Tennyson, English Men of Letters, Macmillan, 1910.

(3) Alfred, Lord Tennyson Letters, Toronto: Macmillan Company of Canada, 1929.

(4) Ibid.

(5) Bibliographies of Twelve Victorian Authors, The H.W. Wilson Comp., New York, 1936.

(6) Tennyson, English Men of Letters, Macmillan, 1910

(7) Ibid.

(8) One Hundred and One Famous Poems, The Cable Company, Chicago, Illinois, 1924.

(9) An American Anthology, Houghton, Mifflin and Company, The Riverside Press, Cambridge, 1900. .

(10) British Poetry and Prose, Third Edition, Volume II, Houghton Mifflin Company, Boston. 1938.

(11) Sangtekst av Bono, All That You Can't Leave Behind, 2000.

(12) Days With The Poets, London, Hodder & Stoughton, Percy Lund, Humphries & Co. Ltd. Udatert eksemplar.

(13) Ibid.

**KAPITTEL III**

(1) An American Anthology, Houghton, Mifflin and Company, The Riverside Press, Cambridge, 1900.

(2-5) Edgar Allan Poe, Letters Till Now Unpublished, Lippincott, Philadelphia, 1925.

(6) One Hundred and One Famous Poems, The Cable Company, Chicago, Illinois, 1924.

(7) Edgar Allan Poe, Letters Till Now Unpublished, Lippincott, Philadelphia, 1925.

(8) Ibid.

(9) One Hundred and One Famous Poems, The Cable Company, Chicago, Illinois, 1924.

(10) An American Anthology, Houghton, Mifflin and Company, The Riverside Press, Cambridge, 1900.

(11) Ibid.

**KAPITTEL IV**

(1) British Poetry and Prose, Third Edition, Volume II, Houghton Mifflin Company, Boston. 1938.

(2) Ibid.

(3) Shelley i England: New Facts and Letters from the Shelley-Whitton Papers, 1917.

(4-6) Days With The Poets, London Hodder & Stoughton, Percy Lund, Humphries & Co. Ltd. Udatert eksemplar.

(7) The English Poets In Pictures, Penns In The Rocks Press, William Collins of London, 1941.

(8) Ibid.

(9) Days With The Poets, London, Hodder and Stoughton, Percy Lund, Humphries & Co. Ltd. Udatert eksemplar.

(10) Ibid.

(11) British Poetry and Prose, Third Edition, Volume II, Houghton Mifflin Company, Boston. 1938.

(12) A Defence of Poetry, P. B. Shelley, 1840.

(13) The Letters of Percy Bysshe Shelley, The Bodley Head, 1929

(14) An Anthology of World Poetry, Cassell and Company Ltd., 1929.

(15) Ibid.

(16) Essays and Letters by Percy Bysshe Shelley, Rhys, Ernest, udatert.

(17) British Poetry and Prose, Third Edition, Volume II, Houghton Mifflin Company, Boston. 1938.

(18) The Letters of Percy Bysshe Shelley, The Bodley Head, 1929.

(19) Ibid.

(20) A Defence of Poetry, P. B. Shelley, 1840.

(21) British Poetry and Prose, Third Edition, Volume II, Houghton Mifflin Company, Boston. 1938.

**KAPITTEL V**

(1) «No Thoroughfare», julenummeret av All The Year Round, 3. desember 1867

(2) Forord til My Lady's Money, Alan Sutton Publishing Company, 1890.

(3) Wilkie Collins, juni 1870, forord til «Man and Wife» Peter Fenolon Collier, Pub. Udatert.

(4-7) Innledning til «Hide and Seek», Oxford University Press, London, ingen dato.

(8) Forord til førsteutgaven av The Moonstone, 1868

(9) Ibid.

(10-12) «No Name», Harper and Brothers, New York, 1873.

(13) «Little Novels», Chatto and Windus, Piccadilly, London, 1887.

(14) «The Legacy of Cain», Donohue; Henneberry & Co, Chicago, udatert utgave

(15) «From Sea to Sea and Other Sketches, Letters of Travel», bind 1, Doubleday, Page and Co, New York, 1925.

(16) Little Novels, Chatto and Windus, Piccadilly, London, 1887.

**KAPITTEL VI**

(1) Memoir of Robert Burns, Frederick Warne and Co, Bedford Street, Strand, London, udatert

(2) The «Chandos Classics», The Poetical Works of Robert Burns, Frederick Warne and Co, Bedford Street, Strand, London, udatert utgave.

(3) Memoir of Robert Burns, Frederick Warne and Co, Bedford Street, Strand, London, datert

(4-15) The «Chandos Classics», The Poetical Works of Robert Burns, Frederick Warne and Co, Bedford Street, Strand, London, udatert utgave.

**KAPITTEL VII**

(1) Mark Twain's Letters, Harper, New York, 1917.

(2) Paine, Albert Bigelow. Mark Twain: A Biography (New York: Harper & Brothers, 1912.)

(3) Following The Equator, American Publishing Co, 1897.

(4) Ibid.

(5) The Adventures of Tom Sawyer, Grosset & Dunlap, 1920.

(6) The Innocents Abroad, H. H. Bancroft & American Pub. Co, San Francisco og Hartford, 1869

(7) Letters of Mark Twain, Chatto & Windus, London, 1920.

(8) Pudd'n'head Wilson, Chatto & Windus, 1926.

(9) Ibid.

(10) Mark Twain skrev dette i 1905, men det ble ikke publisert før etter hans død. Den ble publisert i Harper's Monthly i november 1916. Det samme magasinet hadde refusert det tidligere.

(11) Twain Brev til D. W. Bowser, 20.3.1880

(12) Connecticut Yankee in King Arthur's Court, N.Y. Pocketbooks, 1948.

(13) Letters of Mark Twain, Chatto & Windus, London, 1920.

(14) The Celebrated Jumping Frog of Calaveras County and Other Sketches, C. H. Webb, 1867.

(15) Brev til D.W. Bowser, 20. mars 1880.

(16) Harpers Monthly Magazine, 1909.

**KAPITTEL VIII**

(1) A Day with Samuel Taylor Coleridge, Hodder and Stoughton, London, 1885.

(2) Ibid.

(3) The Rime of the Ancient Mariner and Other Poems, Houghton Mifflin and Company, Boston, 1931.

(4) A Day with Samuel Taylor Coleridge, Hodder and Stoughton, London, 1885

(5) Ibid.

(6) Ibid.

(7) Samuel Taylor Coleridge, Letters, Conversations and Recollections, Harper & Bros. 1836.

(8) A Day with Samuel Taylor Coleridge, Hodder and Stoughton, London, 1885.

(9) Charles Lamb & The Lloyds: Newly Discovered Letters Of Lamb, Coleridge, The Lloyds. Phila: Lippincott, 1899.

(10) The Rime of the Ancient Mariner and Other Poems, Houghton Mifflin and Company, Boston, 1931.

(11) Ibid.

(12) Ibid.

(13) A Day with Samuel Taylor Coleridge, Hodder and Stoughton, London, 1855.

**KAPITTEL IX**

(1) Nathaniel Hawthornes skrifter. Boston og New York: Houghton, Mifflin and Company, 1900

(2) The Scarlet Letter Preface, Ticknor, Reed and Fields, Boston: 1850.

(3-8) Famous American Authors, Vail-Ballou Press, Inc, Binghamton, New York, 1933.

(9) Living Biographies of Great Novelists, Garden City Publishing Co, Inc. 1943.

(10) Ibid.

(11) Living Biographies of Great Novelists, Garden City Publishing Co. 1943

(12) Ibid.

(13) Famous American Authors, Vail-Ballou Press, Inc, Binghamton, New York, 1933

(14) Ibid.

(15-19) The Scarlet Letter Preface, Ticknor, Reed and Fields, Boston: 1850.

(20-22) English Notebooks, Cambridge: Houghton, Mifflin and Company, 1889

(23-26) Forord til The Blithedale Romance, E.P. Dutton & Co. 1925.

(27) Passasjer fra Nathaniel Hawthornes engelske notatbøker (1870)

(28) Ibid.

(29) The Scarlet Letter, Ticknor, Reed and Fields, Boston: 1850

(30) Nathaniel Hawthornes skrifter. Boston og New York: Houghton, Mifflin and Company, 1900

**KAPITTEL X**

(1) Stephen Leacock, Hellements of Hickonomics in Hiccoughs of Verse Done in our Social Planning Mill (New York: Dodd, Mead, 1936

(2) «Teaching School», The Boy I Left Behind Me, Doubleday, 1946.

(3) Ibid.

(4) Ibid.

(5) Stephen Leacock, Hellements of Hickonomics i Hiccoughs of Verse Done in our Social Planning Mill (New York: Dodd, Mead, 1936

(6) Min økonomiske karriere. Literary Lapses: A Book of Sketches. Montreal: Gazette Printing Co, 1910.

(7-14) «Teaching School»: The Boy I Left Behind Me, Doubleday, 1946.

(15-17) Min oppdagelse av England: Dodd, Mead & Co. 1922. ibid.

**KAPITTEL XI**

(1) It Can Be Done, Poems of Inspiration, The Ryerson Press, Toronto, 1926.

(2-5) Something of Myself (For My Friends Known and Unknown), Doubleday, Doran & Co. Inc, 1937.

(6) American Notes, Henry Altemus, Philadelphia, 1899.

(7) Ibid.

(8) Rudyard Kipling's Verse, Hodder and Stoughton, London, 1928

(9) A Diversity of Creatures, Letters of Travel 1892-1913, Doubleday, Page and Co, New York, 1925.

(10-12) A Book of Words, middagstale ved Royal Academy, mai 1906.

(13) Something of Myself (For My Friends Known and Unknown), Doubleday, Doran & Co. Inc, 1937.

(14) Ibid.

(15) From Sea to Sea and Other Sketches, Letters of Travel, bind 1, Doubleday, Page and Co, New York, 1925.

**KAPITTEL XII**

(1) David Copperfield, Illustrated Collins School Classics, udatert

(2) Ibid.

(3) A Tale of Two Cities, New York: The MacMillan Company, 1921.

(4) The Unpublished Letters of Charles Dickens, Halton & Truscott Smith, London, 1927.

(5) The Letters of Charles Dickens, Chapman and Hall, London, 1880-82

(6) The Life of Charles Dickens, T. B. Peterson & Brothers, Philadelphia, 1870.

(7-9) Oliver Twist, F. M. Lupton, New York, 1895.

10) David Copperfield, Illustrated Collins School Classics, udatert

(11) Ibid.

(12) A Tale of Two Cities, New York: The MacMillan Company, 1921.

(13-15) American Notes for General Circulation, Chapman & Hall, London, 1910.

(16) Letters and Speeches of Charles Dickens, Chapman & Hall, London, 1929.

(17) Heart Throbs in Prose and Verse, Chappel Publishing Co. Ltd., 1905

(18) Letters and Speeches of Charles Dickens, Chapman & Hall, London, 1929.

**KAPITTEL XIII**

(1) Dostojevskijs brev og erindringer, S. S. Koteliansky og J. Middleton Murry, oversettere. London, Chatto and Windus, 1923.

(2) Ibid.

(3) Notes from Underground, The Short Novels of Dostoevsky, Dial Press, 1945

(4) New Dostoevsky Letters, The Mandrake Press, London, udatert utgave.

(5-8) Dostojevskij: A New Biography, Houghton Mifflin and Co, 1931.

(9) Den fornærmede og den ydmykedes forord, Moscow Publishers, Moskva, 1957

(10) Dostojevskij: Letters and Reminiscences, Chatto and Windus, 1923.

(11) De besatte: The Heritage Press, New York, 1936.

(12) Notes from Underground, The Short Novels of Dostoevsky, Dial Press, 1945

(13) Letters and Reminiscences, Alfred A. Knopf, New York, 1923.

(14) Fjodor Dostojevskij. Harrison of Paris, 1931.

(15) New Dostoevsky Letters, The Mandrake Press, London, udatert utgave.

(16) Fjodor Dostojevskij, SCM Press, London, 1948.

(17) New Dostoevsky Letters, The Mandrake Press, London, udatert utgave.

(18) Dostojevskij: A New Biography, Houghton Mifflin and Co, 1931.

(19) Dostojevskijs tale holdt i Society of Friends of Russian Literature, august 1880. Gjengitt i The Diary of a Writer.

(20) The Meek, The Eternal Husband and Other Stories, Macmillan, New York, 1923.

**KAPITTEL XIV**

(1) John Keats' samlede poetiske verker og brev, Houghton Mifflin, Boston, 1899.

(2-4) John Keats His Life and Poetry, Macmillan and Co. Ltd., 1917

(5) Letters of John Keats, Macmillan and Company, London, 1891.

(6) John Keats' samlede poetiske verker og brev, Houghton Mifflin, Boston, 1899.

(7-8) Life, Letters and Literary Remains of John Keats, Edward Moxton, London, 1848.

(9) John Keats His Life and Poetry, Macmillan and Co. Ltd., 1917

(10) John Keats' brev, 1817

(11) John Keats His Life and Poetry, Macmillan and Co. Ltd., 1917

(12) John Keats' samlede poetiske verker og brev, Houghton Mifflin, Boston, 1899

(13) Ibid.

(14) John Keats His Life and Poetry, Macmillan and Co. Ltd., 1917

(15) John Keats' samlede poetiske verker og brev, Houghton Mifflin, Boston, 1899.

(16) John Keats' brev og papirer, Bodley Head, 1914.

(17) John Keats His Life and Poetry, Macmillan and Co. Ltd., 1917.

(18) Selections in English Literature, The Copp Clark and Co. Ltd., 1929.

(19) Life, Letters and Literary Remains of John Keats, Edward Moxton, London, 1848.

(20) John Keats the Complete Poetical Works and Letters, Houghton Mifflin, Boston, 1899.

(21) Ibid.

**KAPITTEL XV**

(1) Borrowings, Dodge Publishing Company, New York, 1899.

(2) Poets' Homes, D. Lothrop Company, Boston, 1879.

(3) Forord til Evangeline, Thomas Y Crowell and Co, New York og Boston, 1899.

(4-6) Through the Year With Longfellow, De Wolfe, Fiske and Co, Boston, 1900.

(7) Poets' Homes, D. Lothrop Company, Boston, 1879.

(8) Longfellow Day By Day, Crowell, New York, 1906.

(9) Ibid.

(10) An American Anthology, Houghton, Mifflin and Company, The Riverside Press, Cambridge, 1900.

(11) Heart Throbs in Prose and Verse, Chapple Publishing Company Ltd., Boston, Massachusetts, 1905.

(12) Longfellow Day By Day, Crowell, New York, 1906.

(13) Poets' Homes, D. Lothrop Company, Boston, 1879.

(14) Borrowings, Dodge Publishing Company, N.Y., 1889.

(15) Poets' Homes, D. Lothrop Company, Boston, 1879

**KAPITTEL XVI**

(1) A. B. «Banjo» Paterson, A Book of Verse, Angus and Robertson, Australia, 1990.

(2-4) Happy Dispatches av A. B. Banjo Paterson, Lansdowne Press, 1934.

(5) Reminiscences, Sydney Morning Herald, februar/mars 1939.

(6) Ibid.

(7) Innledning til Penguin Book of Australian Ballads.

(8) The complete Poetry of A. B. «Banjo» Paterson, Harper Collins Publishers, Australia, 1997.

(9) Looking Backward, Sydney Morning Herald, 1941

(10-12) The Magic of Verse, Angus and Robertson Ltd., 1970

**KAPITTEL XVII**

(1) Henry David Thoreau, Upubliserte dikt, Bibliophile Society, Boston, 1907

(2-5) Walden, Ticknor & Fields, Boston, 1854

(6) Henry David Thoreau, Upubliserte dikt, Bibliophile Society, Boston, 1907.

(7-10) Walden, Ticknor & Fields, Boston, 1854

(11-14) Om plikten til sivil ulydighet, del 2.

(15) Walden, Ticknor & Fields, Boston, 1854.

(16) Ibid.

(17) An Anthology of World Poetry, Cassell and Company Ltd., 1929.

(18) Walden, Ticknor & Fields, Boston, 1854.

(18) Ibid.

**KAPITTEL XVIII**

(1) Letters and Journals of Lord Byron, John Murray, London, 1833.

(2) The Letters of George Gordon Byron, brev til William Bankes, Southwell 6. mars 1807.

(3) Selections in English Literature, The Copp Clark and Co. Ltd., 1929.

(4) Lord Byrons dagboksnotat, 14. november 1813.

(5) Byrons brev til John Murray, Riavennia, 30. juli 1821.

(6) Byrons brev til Thomas Moore, Pisa, 4. mars 1822.

(7) Letters and Journals of Lord Byron, John Murray, London, 1833

(8) Lord Byrons dagbok, oppføring 17. november 1813.

(9) Poetry of Byron, Macmillan, London, 1881.

(10) Lord Byron's Select Works, Charles Daly, London, 1836.

(11) Childe Harold Introduction, London: Macmillan, 1904.

(12) Ibid.

(13) A Day With Byron, Hodder and Stoughton Ltd., udatert

(14) Lord Byrons dagbok, 14. november 1813.

(15) Poetry of Byron, Macmillan, London, 1881.

(16) Lord Byrons dagbok, 14. november 1813.

(17) Lord Byrons dagbok, innlegg 17. november 1813.

(18) Lord Byrons brev til James Hogg, Albany, 24. mars 1814.

(19) Lord Byrons dagbok, oppføring 15. oktober 1821.

(20-22) Letters and Journals of Lord Byron, John Murray, London, 1833.

(23) Childe Harold, London: Macmillan, 1904

(24-26) Childe Harold Introduction, London: Macmillan, 1904

(27) Lord Byrons dagboksnotat, 17. mars 1814

(28) A Day With Byron, Hodder and Stoughton Ltd., udatert.

(29) Ibid.

(30) Lord Byron's Select Works, Charles Daly, London, 1836.

**KAPITTEL XIX**

(1-8) Les Fleurs du Mal, The Casanova Society, London, 1925.

**KAPITTEL XXI**

(1) Den beste av alle mulige verdener: Romaner og fortellinger av Voltaire, Vanguard Press, New York, 1929

(2) Toleranse og andre essays av Voltaire. Oversatt, med en innledning, av Joseph McCabe (New York: G.P. Putnam's Sons, 1912).

(3) Den beste av alle mulige verdener: Romaner og fortellinger av Voltaire, Vanguard Press New York 1929

(4) Ibid.

(5) Darrow, Clarence S. Voltaire. A Lecture, [Girard, Kansas: Haldeman-Julius. 1925.

(6) Voltaire The Writings of Voltaire NY: Wm.H. Wise, 1931

(7) Den beste av alle mulige verdener: Romanser og fortellinger av Voltaire, Vanguard Press New York 1929

(8) Darrow, Clarence S. Voltaire. A Lecture. [Nr. 829 i serien «Little Blue Book»] Girard, Kansas: Haldeman-Julius. 1925.

(9) Letters concerning the English Nation. Westminster Press London 1926

(10) Darrow, Clarence S. Voltaire. A Lecture, Girard, Kansas: Haldeman-Julius. 1925.

(11) Ibid.

(12-14) Darrow, Clarence S. Voltaire. En forelesning, Girard, Kansas: Haldeman-Julius. 1925.

(15) Voltaires utvalgte verker, Watts and Co 1935.